JN071292

文部科学省教科調査官
杉本　直美　監修

Q&Aで学ぶ
中学校国語
新学習指導要領

はじめに

令和３年４月，平成30年度から３年間の移行期間を経て，新しい『中学校学習指導要領（平成29年告示）』がスタートしました。

本書は，『中学校学習指導要領（平成29年告示）』国語について，先生方に正しくご理解いただき，日々の授業を構想する際の一助となることを目指して作成しています。

まずプロローグでは，『中学校学習指導要領（平成29年告示）解説　国語編』の構成に沿って，今回の改訂のポイントとその内容を説明しています。続いて，移行期間中に様々な地域の先生方から受けた質問を中心に，全国の先生方と共有しておきたい内容をQ&Aの形式でまとめています。目次を見ていただくと，Q&Aで取り上げた項目が一覧できます。

本書を読めば，中学校国語科における学習指導要領改訂のポイントや押さえておきたい内容について理解できるようになっていますが，『中学校学習指導要領（平成29年告示）解説　国語編』と併せて読むことで一層理解が進むことと思います。

学習指導要領を理解することは，各教科等において，生徒にどのような力（今回の改訂では，「資質・能力」という言葉で整理されています）を育成するのかを理解することです。中学校国語科で育成を目指す資質・能力は何かを確認し，これまでの蓄積を生かしながら学習の質を一層高める授業改善の取組を引き続き行っていくことが大切です。

なお，いずれも文部科学省が発行している月刊誌『中等教育資料』に連載していたものを基に整理しています。中学校国語科が求める内容についてのより適切な理解のために，簡易なハンドブックとしてお手元に置いていただき，必要に応じて参考にしていただければ幸いです。

目次

プロローグ

改訂のポイント

本章では，今回の中学校学習指導要領国語における改訂のポイントとその内容について，『中学校学習指導要領（平成29年告示）解説　国語編』（以下，『解説国語編』）の構成に沿って説明していきます。

学習指導要領とは，国が定めた教育課程の基準です。その学習指導要領の記述の意味や解釈などの詳細について説明するために，文部科学省が作成したものが学習指導要領解説であり，中学校国語で言えば，『解説国語編』がそれに当たります。先生方のお手元にある『中学校学習指導要領（平成29年告示）』は，全ての教科等の目標や内容等が示されているものです。各教科等の学習指導要領解説については，ダウンロード，あるいは購入する必要があります（ダウンロード用に『解説国語編』のQRコードを付しましたのでご活用ください）。

1 『中学校学習指導要領（平成29年告示）解説　国語編』の構成

さて，p.14，15に示した図1は，『解説国語編』の目次です。その周囲に吹き出しで，各章について簡略に説明を付しています。目次は，当該冊子がどのような構成になっているかを一覧するのに便利です。この目次を見ながら，以下の内容を早速確認してみましょう。

まず，『解説国語編』が四つの章と付録で構成されていることが分かります。

第1章「総説」の「1　改訂の経緯及び基本方針」は，全教科等共通の内容が示されているページです。なぜ，改訂をすることになったのか，学習指導要領全体にわたる改訂の経緯と方針が示されています。その内容を踏まえた上で，国語科は具体的にどのように改訂されたのか，その趣旨と要点が「2　国語科の改訂の趣旨及び要点」に示されています。「総説」を読むと，平成26年11月に文部科学大臣が中央教育審議会に諮問を行い，そこから時間をかけて審議し，改訂に至ったことが分かります。「せっかく慣れてきたのに，どうしてまた変わってしまうのだろう」と疑問をもたれている先生がおられるようであれば，この部分を特に丁寧にお読みいただくことでご理解いただけるのではないかと思います。改訂の基本方針については，以下の５項目で整理されています。

①今回との改訂の基本的な考え方
②育成を目指す資質・能力の明確化
③「主体的・対話的で深い学び」の実現に向けた授業改善の推進
④各学校におけるカリキュラム・マネジメントの推進
⑤教育内容の主な改善事項

いずれも重要な内容ですのでしっかり理解しておく必要がありますが，特に，今回の改訂では，全ての教科等の目標及び内容が「知識及び技能」,「思考力，判断力，表現力等」,「学びに向かう力，人間性等」の三つの柱で再整理されたことを理解しておくことが重要です。なお，本文を読むと「汎用的な能力の育成を重視する世界的な潮流を踏まえつつ，知識及び技能と思考力，判断力，表現力等をバランスよく育成してきた我が国の学校教育の蓄積を生かしていくことが重要とされた」とあるように，今までの私たちの実践や蓄積が評価されていることも確認しておきたい点です。このことは，「平成20年改訂の学習指導要領の枠組みや教育内容を維持した上で，知識の理解の質を更に高め，確かな学力を育成すること」とされていることからもお分かりいただけると思います。その上で，子供たちが，予測困難と言われるこれからの時代に求められる資質・能力を身に付け，生涯にわたって能動的に学び続けることができるようにするためには，これまでの蓄積を生かし，学習の質を一層高める授業改善の取組を活性化していく必要があることを指摘しています。それが，「主体的・対話的で深い学び」の実現に向けた授業改善の推進として示されたわけです。

第2章「国語科の目標及び内容」では，第1節に教科の目標，それを踏まえた学年の目標が示されています。第2節では，第1節で示された目標を達成するための国語科の内容が示されています。具体的には，〔知識及び技能〕と〔思考力，判断力，表現力等〕の二つに大別されたことが分かります。国語科の内容について，項目ごとに3年間の系統性を確認したい場合は，第2章が便利です。

第3章「各学年の内容」では，学年ごとに内容が説明されています。各項目についての詳細な説明は，第3章に書かれています。授業を構想するに当たって，育成したい資質・能力を設定する際に必ず確認しておきたい箇所です。また，指導事項で示されている用語についての説明が書かれているのも第3章になります。

第４章「指導計画の作成と内容の取扱い」では，指導を進めていく上での配慮事項が示されています。今回，改訂の基本方針の一つとして，前述したように「主体的・対話的で深い学び」の実現に向けた授業改善の推進が示されましたが，その指導上の配慮事項は，第４章の冒頭に示されています。ここを読むと，これまでの実践を否定し，全く異なる指導方法を導入しなければならないと捉えるのではなく，生徒や学校の実態，指導の内容に応じて，主体的・対話的で深い学びの視点から授業改善を図ることが大切であることが分かります。また，「指導計画の作成と内容の取扱い」という言葉が示すとおり，年間指導計画を立てる上で留意すべき内容（例えば，各学年の内容に関する指導について，配当する年間の授業時数など）や，指導を進める上での留意点が書かれています。第４章を付録のように思われている先生がいらっしゃると聞くことがありますが，中学校国語科の学習指導を考えていくに当たって，大変重要な内容が示されていることを確認してください。

最後に，付録が付いています。この中で，使用頻度が一番高いのは，**付録４「教科の目標，各学年の目標及び内容の系統表（小・中学校国語科）」**（以下，「系統表」）でしょう。見開きでひとまとまりになっており，左に小学校国語，右に中学校国語の内容等が示された大変便利な表です。小学校でどのような力を付けてきたのかを含め，今まで付けてきた力，これからどのような力を付けていくのかなどを確認するのに大変便利です。本書に「資料」として付けていますので，本書を読み進める際に適宜ご参照ください。

第１章　総説

なぜ，改訂をすることになったのか，学習指導要領全体にわたる改訂の経緯と方針，それを踏まえて国語科はどのように改訂されたのかが示されています。

第２章　国語科の目標及び内容

第１節には教科の目標，それを踏まえた学年の目標が示されています。

第２節を読むと，内容が〔知識及び技能〕と〔思考力，判断力，表現力等〕の二つに大別されたことが分かります。

内容を軸に学年間の系統性を確認したい場合は，ここを読むとよいでしょう。

第４章　指導計画の作成と内容の取扱い

指導を進めていく上での配慮事項が示されています。ここに，「主体的・対話的で深い学び」の実現に向けた授業改善を進めることが示されています。

目次

図１　『中学校学習指導要領（平成

付録

付録４は，教科の目標，学年の目標，内容について，小・中を見通せる系統表です。小学校でどのような力を付けてきたのかを含め，今まで付けてきた力，これからどのような力を付けていくのかを確認するのに有効です。

第３章　各学年の内容

学年ごとに，内容が詳しく説明されています。各指導事項の説明の冒頭に，下のような表を掲載し，太枠の当該学年の内容とともに，その前後の学年の内容が確認できるようになっています。

○推敲

小学校第5学年及び第6学年	第１学年	第２学年	第３学年
オ　文章全体の構成や書き表し方などに着目して，文や文章を整えること。	エ　読み手の立場に立って，表記や語句の用法，叙述の仕方などを確かめて，文章を整えること。	エ　読み手の立場に立って，表現の効果などを確かめて，文章を整えること。	エ　目的の意図に応じた表現になっているかなどを確かめて，文章を全体整えること。

29 年告示）解説　国語編』の構成

2 国語科の成果と課題

では，具体的な説明に入りましょう。

まず，今回の学習指導要領改訂の背景を理解するために，これまでの国語科の成果と課題について確認しておきましょう。「幼稚園，小学校，中学校，高等学校及び特別支援学校の学習指導要領等の改善及び必要な方策等について（答申）」（平成28年12月，中央教育審議会。以下，「答申」）では，次のように整理しています。

○ PISA2012（平成24年実施）においては，読解力の平均得点が比較可能な調査回以降，最も高くなっているなどの成果が見られたが，PISA2015（平成27年実施）においては，読解力について，国際的には引き続き平均得点が高い上位グループに位置しているものの，前回調査と比較して平均得点が有意に低下していると分析がなされている。これは，調査の方式がコンピュータを用いたテスト（CBT）に全面移行する中で，子供たちが，紙ではないコンピュータ上の複数の画面から情報を取り出し，考察しながら解答することに慣れておらず，戸惑いがあったものと考えられるが，そうした影響に加えて，情報化の進展に伴い，特に子供にとって言葉を取り巻く環境が変化する中で，読解力に関して改善すべき課題が明らかとなったものと考えられる。

○ 全国学力・学習状況調査等の結果によると，小学校では，文における主語を捉えることや文の構成を理解したり表現の工夫を捉えたりすること，目的に応じて文章を要約したり複数の情報を関連付けて理解を深めたりすることなどに課題があることが明らかになっている。中学校では，伝えたい内容や自分の考えについて根拠を明確にして書いたり話したりすることや，複数の資料から適切な情報を得てそれらを比較したり関連付けたりすること，文章を読んで根拠の明確さや論理の展開，表現の仕方等について評価することなどに課題があることが明らかになっている。

○　一方，全国学力・学習状況調査において，各教科等の指導のねらいを明確にした上で言語活動を適切に位置付けた学校の割合は，小学校，中学校ともに90％程度となっており，言語活動の充実を踏まえた授業改善が図られている。しかし，依然として教材への依存度が高いとの指摘もあり，更なる授業改善が求められる。

中学校国語科においては，平成20年改訂の学習指導要領（以下，平成20年版学習指導要領）の下，言語活動を通して指導事項を指導するといった授業が広く行われ，生徒に確実に力を付けてきました。一方，前述の「答申」でも指摘されているように，引き続き課題が見られる内容もあります。

3　改訂の要点

これらの成果と課題を踏まえて改訂された国語科の主な内容を，以下の５点に整理して説明します。

①目標及び内容の構成の改善

今回の改訂では，育成を目指す資質・能力の明確化を図るため，全ての教科等で，「知識及び技能」，「思考力，判断力，表現力等」，

「学びに向かう力，人間性等」の三つの柱で教科の目標を再整理しています。国語科では，育成を目指す資質・能力を「国語で正確に理解し適切に表現する資質・能力」と規定し，三つの柱で整理しました。また，このような資質・能力を育成するためには，生徒が「言葉による見方・考え方」を働かせることが必要であることを示しています（詳細は，後述「**4**　目標の構成」参照）。

内容についても，三つの柱に沿った資質・能力の整理を踏まえ，「話すこと・聞くこと」，「書くこと」，「読むこと」の３領域及び〔伝統的な言語文化と国語の特質に関する事項〕で構成していた内容（３領域１事項）を，〔知識及び技能〕及び〔思考力，判断力，表現力等〕に構成し直しました（詳細は，後述「**5**　内容の構成」参照）。「学びに向かう力，人間性等」については，教科及び学年の目標においてまとめて示すこととし，指導事項のまとまりごとに示すことはしていません。

②学習内容の改善・充実

前述したように，〔知識及び技能〕と〔思考力，判断力，表現力等〕の二つに構成し直し，各指導事項については，育成を目指す資質・能力が明確になるよう内容を改善しています。主な項目としては，次の点が挙げられます。

・語彙指導の改善・充実

・情報の扱い方に関する指導の改善・充実

・学習過程の明確化，「考えの形成」の重視

・我が国の言語文化に関する指導の改善・充実

③学習の系統性の重視

国語科の指導内容は，系統的・段階的に上の学年につながって

いくとともに，螺旋的・反復的に繰り返しながら学習し，資質・能力の定着を図ることを基本としています。このため，小・中学校を通じて，〔知識及び技能〕の指導事項及び〔思考力，判断力，表現力等〕の指導事項と言語活動例のそれぞれにおいて，重点を置くべき指導内容を明確にし，その系統化を図りました。本書の「資料」でご確認ください。

④授業改善のための言語活動の創意工夫

〔思考力，判断力，表現力等〕の各領域において，どのような資質・能力を育成するかを(1)の指導事項に示し，どのような言語活動を通して資質・能力を育成するかを(2)の言語活動例に示すという関係を明確にし，各学校の創意工夫により授業改善が行われるようにする観点から，言語活動例を言語活動の種類ごとにまとめた形で示しています。「種類ごと」とは，例えば，「Ｂ書くこと」の領域では，各学年とも，アは「説明的な文章を書く活動」，イは「実用的な文章を書く活動」，ウは「文学的な文章を書く活動」という系列に分けて整理したということです。言語活動例全体の数は，平成20年版学習指導要領と同様，23例になります。

なお，示されたものは例示であるため，これらの全てを行わなければならないというわけではなく，これ以外の言語活動を取り上げることも考えられます。目の前の生徒の実態を踏まえ，育成を目指す資質・能力に合わせて一層の創意工夫をすることが大切です。その際，活動は楽しそうにしていたが，肝心の資質・能力は育成されたのかと問われるような授業にならないよう，国語科における資質・能力を確実に育成するために有効な言語活動を設定することが大切です。

⑤読書指導の改善・充実

「答申」において，「読書は，国語科で育成を目指す資質・能力をより高める重要な活動の一つである。」とされたことを踏まえ，各学年において，国語科の学習が読書活動に結び付くよう〔知識及び技能〕に「読書」に関する指導事項を位置付け，「Ｃ読むこと」の領域では，学校図書館などを利用して様々な本などから情報を得て活用する言語活動例を示しています（詳細は，Ｑ９参照）。

4 目標の構成

では，「教科の目標」の改善内容を確認しましょう。

目標の構成の改善

教科の目標は，次のとおりです。

> 言葉による見方・考え方を働かせ，言語活動を通して，国語で正確に理解し適切に表現する資質・能力を次のとおり育成することを目指す。
> ⑴　社会生活に必要な国語について，その特質を理解し適切に使うことができるようにする。
> ⑵　社会生活における人との関わりの中で伝え合う力を高め，思考力や想像力を養う。
> ⑶　言葉がもつ価値を認識するとともに，言語感覚を豊かにし，我が国の言語文化に関わり，国語を尊重してその能力の向上を

図る態度を養う。

前述したように，今回の改訂では，全ての教科等の目標及び内容を資質・能力の三つの柱で再整理したことを踏まえ，国語科における教科の目標も，⑴知識及び技能，⑵思考力，判断力，表現力等，⑶学びに向かう力，人間性等の三つの柱に基づいて示すとともに，国語科で育成を目指す資質・能力を「国語で正確に理解し適切に表現する資質・能力」と規定し，「言葉による見方・考え方を働かせ，言語活動を通して」育成することを目指すとしています。

冒頭の一文（「柱書」と呼んでいます）にある，国語で正確に理解する資質・能力と，国語で適切に表現する資質・能力とは，連続的かつ同時的に機能するものですが，表現する内容となる自分の考えなどを形成するためには，国語で表現された様々な事物，経験，思い，考え等を理解することが必要であることから，今回の改訂では，「正確に理解」，「適切に表現」という順に示しています。

「言葉による見方・考え方を働かせ」るとは，生徒が学習の中で，対象と言葉，言葉と言葉との関係を，言葉の意味，働き，使い方等に着目して捉えたり問い直したりして，言葉への自覚を高めることであると考えられます。この「対象と言葉，言葉と言葉との関係を，言葉の意味，働き，使い方等に着目して捉えたり問い直したりする」とは，言葉で表される話や文章を，意味や働き，使い方などの言葉の様々な側面から総合的に思考・判断し，理解したり表現したりすること，また，その理解や表現について，改めて言葉に着目して吟味することを示したものと言えます。

国語科は，多様な内容を扱うことができる教科です。科学的な内容の説明的な文章を読むこともあれば，社会生活の中で関心をもった事柄について意見を述べる文章を書くこともあります。しかし，言うまでもなく国語科は，様々な事象の内容を自然科学や社会科学等の視点から理解することを直接の学習目的としているのではありません。言葉を通じた理解や表現及びそこで用いられる言葉そのものを学習対象としています。このため，「言葉による見方・考え方」を働かせることが，国語科において育成を目指す資質・能力をよりよく身に付けることにつながることとなるのです。

また，言語能力を育成する中心的な役割を担う国語科においては，言語活動を通して資質・能力を育成します。「言語活動を通して」，国語で正確に理解し適切に表現する資質・能力を育成するとしているのは，この考え方を示したものです。

なお，「言葉による見方・考え方」を働かせることについては，改訂当初から多くの質問をいただきましたので，Q25 で取り上げています。併せてご一読ください。では，⑴から⑶の目標を確認していきましょう。

⑴は，「知識及び技能」に関する目標を示したものです。日常生活から社会生活へと活動の場を広げる中学生が，社会生活において必要な国語の特質について理解し，それを適切に使うことができるようにすることを示しています。具体的には，内容の〔知識及び技能〕に示されている言葉の特徴や使い方，話や文章に含まれている情報の扱い方，我が国の言語文化に関する「知識及び

技能」のことです。こうした「知識及び技能」を，社会生活における様々な場面で，主体的に活用できる，生きて働く「知識及び技能」として習得することが重要です。

⑵は，「思考力，判断力，表現力等」に関する目標を示したものです。社会生活における人と人との関わりの中で，思いや考えを伝え合う力を高め，思考力や想像力を養うことを示しています。具体的には，内容の〔思考力，判断力，表現力等〕に示されている「Ａ話すこと・聞くこと」，「Ｂ書くこと」，「Ｃ読むこと」に関する「思考力，判断力，表現力等」のことです。こうした力を，未知の状況にも対応できる「思考力，判断力，表現力等」として育成することが重要です。

⑶は，「学びに向かう力，人間性等」に関する目標を示したものです。言葉がもつ価値を認識するとともに，言語感覚を豊かにし，我が国の言語文化に関わり，国語を尊重してその能力の向上を図る態度を養うことを示しています。

言葉がもつ価値には，言葉によって自分の考えを形成したり新しい考えを生み出したりすること，言葉から様々なことを感じたり，感じたことを言葉にしたりすることで心を豊かにすること，言葉を通じて人や社会と関わり自他の存在について理解を深めることなどがあります。こうしたことを価値として認識することを示しています。

言語感覚については，小学校では「養」うとしているものを，中学校では「豊かに」するとし，より高いものを求めています。

「我が国の言語文化に関わ」るとは，我が国の歴史の中で創造され，継承されてきた文化的に高い価値をもつ言語そのもの，つまり，文化としての言語，また，それらを実際の生活で使用することによって形成されてきた文化的な言語生活，さらには，古代から現代までの各時代にわたって，表現し，受容されてきた多様な言語芸術や芸能などに関わることです。

国語を尊重してその能力の向上を図る態度を養うことを求めているのは，我が国の歴史の中で育まれてきた国語が，人間としての知的な活動や文化的な活動の中枢をなし，一人一人の自己形成，社会生活の向上，文化の創造と継承などに欠かせないからです。

なお，「学びに向かう力，人間性等」は，「知識及び技能」及び「思考力，判断力，表現力等」の育成を支えるものであり，併せて育成を図ることが重要です。

5　内容の構成

「内容の構成」の改善内容について，二つに大別されたことについてはすでに説明しましたが，ここでは，その具体的な内容を説明します。

内容の構成の改善

三つの柱に沿った資質・能力の整理を踏まえ，3領域1事項で構成していた内容を，次のように〔知識及び技能〕及び〔思考力，判断力，表現力等〕に構成し直しました（二つに大別された内容のまとまりを示す際には，亀甲括弧〔　〕を使用しています）。

〔知識及び技能〕
　(1)　言葉の特徴や使い方に関する事項
　(2)　情報の扱い方に関する事項
　(3)　我が国の言語文化に関する事項
〔思考力，判断力，表現力等〕
　A話すこと・聞くこと
　B書くこと
　C読むこと

「知識及び技能」と「思考力，判断力，表現力等」は，国語で正確に理解し適切に表現する上で共に必要となる資質・能力です。したがって，国語で正確に理解し適切に表現する際には，話すこと・聞くこと，書くこと，読むことの「思考力，判断力，表現力等」のみならず，言葉の特徴や使い方，情報の扱い方，我が国の言語文化に関する「知識及び技能」が必要となります。このため，今回の改訂では，資質・能力の三つの柱に沿った整理を踏まえ，今までの３領域１事項の内容のうち，国語で正確に理解し適切に表現するために必要な「知識及び技能」を〔知識及び技能〕として明示しています。

この〔知識及び技能〕に示されている言葉の特徴や使い方などの「知識及び技能」は，個別の事実的な知識や一定の手順のことのみを指しているのではありません。国語で理解したり表現したりする様々な場面の中で生きて働く「知識及び技能」として身に付けるために，思考・判断し表現することを通じて育成を図ることが求められるなど，「知識及び技能」と「思考力，判断力，表現力等」は，相互に関連し合いながら育成される必要があります。

また，〔思考力，判断力，表現力等〕の内容は，「A話すこと・聞くこと」，「B書くこと」及び「C読むこと」からなる3領域の構成を維持しながら，(1)に指導事項を，(2)に言語活動例をそれぞれ示すとともに，(1)の指導事項については，学習過程を一層明確に示しています（表1参照）。したがって，(2)に示している言語活動例を参考に，生徒の発達や学習の状況に応じて設定した言語活動を通して，(1)の指導事項を指導することは，これまでと同様です。その上で，ただ活動するだけの学習にならないよう，活動を通じてどのような資質・能力を育成するのかを明確にすることが大切です。

なお，表1の○印は学習過程を示したものですが，平成20年版学習指導要領と同様，指導の順序性を示すものではないので，

表1　〔思考力，判断力，表現力等〕の内容の構成

<table>
<tr><th></th><th colspan="3">A話すこと・聞くこと</th><th>B書くこと</th><th>C読むこと</th></tr>
<tr><td rowspan="2">(1)指導事項</td><td colspan="3">○話題の設定
○情報の収集
○内容の検討</td><td rowspan="2">○題材の設定
○情報の収集
○内容の検討
○構成の検討
○考えの形成
○記述
○推敲
○共有</td><td rowspan="2">○構造と内容の把握
○精査・解釈
○考えの形成，共有</td></tr>
<tr><td>（話すこと）
○構成の検討
○考えの形成
○表現
○共有</td><td>（聞くこと）
○構造と内容の把握
○精査・解釈
○考えの形成
○共有</td><td>（話し合うこと）
○話合いの進め方の検討
○考えの形成
○共有</td></tr>
<tr><td>(2)言語活動例</td><td colspan="3">ア　話したり聞いたりする活動
イ　話し合う活動</td><td>ア　説明的な文章を書く活動
イ　実用的な文章を書く活動
ウ　文学的な文章を書く活動</td><td>ア　説明的な文章を読む活動
イ　文学的な文章を読む活動
ウ　本などから情報を得て活用する活動</td></tr>
</table>

各領域ともに，指導事項を必ずしも順番に指導する必要はありません。順序を入れ換えたり，繰り返して学習したりすることも想定されます。

また，全ての領域において，自分の考えを形成する学習過程を重視し，「考えの形成」に関する指導事項を位置付けていることにも留意してください。

最後に，〔知識及び技能〕と〔思考力，判断力，表現力等〕の関係を確認しておきます。

資質・能力の三つの柱は相互に関連し合い，一体となって働くことが重要です。このため，この内容の構成が，〔知識及び技能〕と〔思考力，判断力，表現力等〕を別々に分けて育成したり，〔知識及び技能〕を習得してから〔思考力，判断力，表現力等〕を身に付けるといった順序性をもって育成したりすることを示すものではないことに留意する必要があります。

こうした「知識及び技能」と「思考力，判断力，表現力等」の育成において大きな原動力となるのが「学びに向かう力，人間性等」です。教科及び学年の目標において挙げられている態度等を養うことによって，「知識及び技能」と「思考力，判断力，表現力等」の育成が一層充実することが期待されます。

なお，〔知識及び技能〕と〔思考力，判断力，表現力等〕との関係については，「第４章　指導計画の作成と内容の取扱い」の「１　指導計画作成上の配慮事項」⑶で，次のように示されています。

第２の各学年の内容の〔知識及び技能〕に示す事項については，〔思考力，判断力，表現力等〕に示す事項の指導を通して指導することを基本とし，必要に応じて，特定の事項だけを取り上げて指導したり，それらをまとめて指導したりするなど，指導の効果を高めるよう工夫すること。

〔知識及び技能〕に示す事項は，〔思考力，判断力，表現力等〕に示す事項の指導を通して行うことを基本とし，指導の効果を高めるための弾力的な時間割編成に関する取扱いを示したものです。具体的には，〔知識及び技能〕に示す事項の定着を図るため，必要に応じて，特定の事項を取り上げて繰り返し指導したり，まとめて単元化して扱ったりすることもできることを示しています。

これは，言葉の特徴やきまりなどについて，生徒の興味・関心や学習の必要に応じ，ある程度まとまった「知識及び技能」を習得させるような指導もできることを示しています。

中学校国語新学習指導要領 Q&A

本章では，様々な地域でいただいた先生方からの質問を中心に，全国の先生方と共有しておきたい内容をQ&Aの形式でまとめています。基本的に『中学校学習指導要領（平成29年告示）』の内容の順に示していますので，必要な箇所を適宜参照していただければと思います。なお，引用部分の下線については，著者によります。

〔知識及び技能〕

(1) 言葉の特徴や使い方に関する事項に関連したもの

「言葉の働き」に関する指導事項が新設された背景と，指導上の留意点について教えてください。

A 今回の改訂では，教科等の枠を越えた全ての学習の基盤として育まれ活用される資質・能力の一つとして，言語能力の育成が示されました。言葉は，全ての教科等における資質・能力を育成する上で重要な役割を果たすことは言うまでもありませんが，「答申」には，言語活動の一層の充実と併せて，改めて次のように整理されています（一部抜粋）。

> 国語教育と外国語教育は，学習の対象となる言語は異なるが，ともに言語能力の向上を目指すものであるため，共通する指導内容や指導方法を扱う場面がある。学習指導要領等に示す指導内容を適切に連携させたり，各学校において指導内容や指導方法等を効果的に連携させたりすることによって，外国語教育を通じて国語

の特徴に気付いたり，国語教育を通じて外国語の特徴に気付いたりするなど，言葉の働きや仕組みなどの言語としての共通性や固有の特徴への気付きを促すことを通じて相乗効果を生み出し，言語能力の効果的な育成につなげていくことが重要である。

「言葉の働き」に関する理解は，自分が用いる言葉への自覚を高めるために必要不可欠です。もちろん，これまでも指導されてきましたが，十分な力を付けてきたかという点については課題が指摘されています。

そこで今回の改訂では，改めて小・中学校を通して，言語が共通にもつ言葉の働きについて整理し，指導事項として明示したのです。中学校においては，第2学年の指導事項として，「言葉には，相手の行動を促す働きがあることに気付くこと。」を設定しました。

今までと全く違った指導を求めているわけではありません。しかし，日頃から無意識に使っている言葉について立ち止まって考え，言葉の働きに改めて気付かせることで，生徒は言葉を自覚的に用いるようになっていきます。このことは，言語能力の向上を目指す国語科の役目です。その点を改めて確認し，今までの授業の中にきちんと位置付けて確実に育成することが大切です。

その際，「答申」に示されたように，例えば，外国語科の学習と結び付けたり，紹介やインタビューなどの言語活動を行う際にその時期を合わせたりするなどの工夫も考えることができるでしょう。

Q2 語彙の指導が全学年に入りました。どんなことに注意して指導したらよいのでしょうか。

A 日頃，授業等で生徒と接していて，「語彙が乏しいな。彼らの語彙を何とか増やせないかな」と，特に国語の先生は切実に感じられているのではないでしょうか。そして，様々な指導の工夫をされていることと思います。今回，「答申」でも，「小学校低学年における学力差はその後の学力差に大きく影響すると言われる中で，語彙の量と質の違いが学力差に大きく影響しているとの指摘もあり，言語能力の育成は前回改訂に引き続き課題となっている」とされています。語彙は，全ての教科等における資質・能力の育成や学習の基盤となる言語能力の重要な要素です。とすれば，言語能力を育成する国語科では，責任をもって語彙についての指導を行い，生徒の語彙を量的な側面，質的な側面双方から向上させていかなくてはいけません。

各学年の指導事項（p.33の表2参照）を見ると，前半が語句の量を増やすこと（量的な側面に関する指導），後半が語句についての理解を深めること（質的な側面に関する指導），といった文型で示されていることが分かります。注意してほしいのは，例えば，第1学年に「心情を表す語句」とあるので他学年では指導できない，とする誤解です。各学年で示した語句のまとまりは，あくまでも指導の重点とする語句の目安を示したもので，これ以外の語句の指導を妨げるものではありません。示された語句のまとまりを中心としながら，学習の中で必要となる多様な語句を柔軟に取り上げてください。そして，学習した様々な語句を話や文章の中で使うことを通して，生徒にそれらを確実に定着させること，自分自身の語彙が増えていくことで得られるよさ（例えば，気持ちの微妙なゆれを表現できた，自分の考えを相手にきちんと伝えることができたなど）を実感させてほしいと思います。

また，様々な語彙や多様な表現と出合う場として，読書活動は欠かすことのできないものです。授業を構想する際に様々な本と出合う場を設けることも大切です。

表2 「語彙」に関する指導事項

（小）第１学年及び第２学年	（小）第３学年及び第４学年	（小）第５学年及び第６学年
(1) 言葉の特徴や使い方に関する次の事項を身に付けることができるよう指導する。		
オ　身近なことを表す語句の量を増し，話や文章の中で使うとともに，言葉には意味による語句のまとまりがあることに気付き，語彙を豊かにすること。	オ　様子や行動，気持ちや性格を表す語句の量を増し，話や文章の中で使うとともに，言葉には性質や役割による語句のまとまりがあることを理解し，語彙を豊かにすること。	オ　思考に関わる語句の量を増し，話や文章の中で使うとともに，語句と語句との関係，語句の構成や変化について理解し，語彙を豊かにすること。また，語感や言葉の使い方に対する感覚を意識して，語や語句を使うこと。

（中）第１学年	（中）第２学年	（中）第３学年
(1) 言葉の特徴や使い方に関する次の事項を身に付けることができるよう指導する。		
ウ　事象や行為，心情を表す語句の量を増すとともに，語句の辞書的な意味と文脈上の意味との関係に注意して話や文章の中で使うことを通して，語感を磨き語彙を豊かにすること。	エ　抽象的な概念を表す語句の量を増すとともに，類義語と対義語，同音異義語や多義的な意味を表す語句などについて理解し，話や文章の中で使うことを通して，語感を磨き語彙を豊かにすること。	イ　理解したり表現したりするために必要な語句の量を増し，慣用句や四字熟語などについて理解を深め，話や文章の中で使うとともに，和語，漢語，外来語などを使い分けることを通して，語感を磨き語彙を豊かにすること。

Q3 小学校で示されている「学年別漢字配当表」に都道府県名に用いる漢字20字が加えられました。中学校では，漢字を指導するに当たってどのような点に気を付ければよいですか。

A 今回の改訂では，小学校の「学年別漢字配当表」に都道府県名に用いる漢字20字が小学校第4学年に加えられ，それに伴い児童の学習負担等を考慮し，漢字32字の配当学年が移行されました。これは，「答申」において，以下のように整理されたことを踏まえてのものです。

> 漢字指導の改善・充実の観点から，児童の学習負担を考慮しつつ，常用漢字表の改定（平成22年），児童の日常生活及び将来の社会生活，国語科以外の各教科等の学習における必要性を踏まえ，都道府県名に用いる漢字を「学年別漢字配当表」に加えることが適当である。なお，追加する字種の学年配当に当たっては，当該学年における児童の学習負担に配慮することが必要である。

具体的には，次の漢字20字が加えられました。

> 茨，媛，岡，潟，岐，熊，香，佐，埼，崎，滋，鹿，縄，井，沖，栃，奈，梨，阪，阜

さて，このことが中学校の漢字の学習にどのように影響するのでしょうか。端的に言えば，学習対象となる漢字に変更

が生じるということです。漢字の読みと書きに分けて説明します。

漢字の読みについては，平成20年版学習指導要領と同様，第1学年で，「学年別漢字配当表」の漢字に加えて，その他の常用漢字のうち300字程度から400字程度までの漢字を読むことになっていますが，「学年別漢字配当表」の漢字数が20字増えて1,026字になったことに注意が必要です。第1学年のうちに，確実にこの1,026字を読めるように指導するとともに，「学年別漢字配当表」以外の常用漢字のうち300字程度から400字程度までの漢字の読みを指導する必要があります。第2学年でも，平成20年版学習指導要領と同様，第1学年までに学習した常用漢字に加えてその他の常用漢字のうち350字程度から450字程度までの漢字を読むことになっています。

なお，「学年別漢字配当表」以外の常用漢字について，どの学年でどの字種を学習するかは定めていません。これまでどおり，生徒の学習の状況等に応じて適切な指導が求められます。

漢字の書きについても，平成20年版学習指導要領と同様，中学校3年間で必ず書けるように指導する漢字は，「学年別漢字配当表」に示された漢字です。それが1,026字になったことに注意が必要です。発展的な学習として，「学年別漢字配当表」以外の漢字の書きの学習を妨げるものではありませんが，指導するに当たっての注意点として，まずは前述した点を改めて確認し，中学校3年間で，「学年別漢字配当表」

に示された1,026字を文や文章の中で使い慣れることができるよう確実に指導する必要があります。学習対象となる漢字は，第1学年では，「学年別漢字配当表」の漢字1,026字のうち900字程度，第2学年及び第3学年では，「学年別漢字配当表」に示された1,026字全部です。なお，どの学年でどの字種を学習するかは定めていません。生徒の学習の状況等に応じて，これまでどおり，適切な指導が求められます。

表3 「漢字」に関する指導事項

(小) 第1学年及び第2学年	(小) 第3学年及び第4学年	(小) 第5学年及び第6学年
⑴ 言葉の特徴や使い方に関する次の事項を身に付けることができるよう指導する。		
エ 第1学年においては，別表の学年別漢字配当表（以下「学年別漢字配当表」という。）の第1学年に配当されている漢字を読み，漸次書き，文や文章の中で使うこと。第2学年においては，学年別漢字配当表の第2学年までに配当されている漢字を読むこと。また，第1学年に配当されている漢字を書き，文や文章の中で使うとともに，第2学年に配当されている漢字を漸次書き，文や文章の中で使うこと。	エ 第3学年及び第4学年の各学年においては，学年別漢字配当表の当該学年までに配当されている漢字を読むこと。また，当該学年の前の学年までに配当されている漢字を書き，文や文章の中で使うとともに，当該学年に配当されている漢字を漸次書き，文や文章の中で使うこと。	エ 第5学年及び第6学年の各学年においては，学年別漢字配当表の当該学年までに配当されている漢字を読むこと。また，当該学年の前の学年までに配当されている漢字を書き，文や文章の中で使うとともに，当該学年に配当されている漢字を漸次書き，文や文章の中で使うこと。

(中) 第1学年	(中) 第2学年	(中) 第3学年
⑴ 言葉の特徴や使い方に関する次の事項を身に付けることができるよう指導する。		
イ 小学校学習指導要領第2章第1節国語の学年別漢字配当表（以下「学年別漢字配当表」という。）に示されている漢字に加え，その他の常用漢字のうち300字程度から400字程度までの漢字を読むこと。また，学年別漢字配当表の漢字のうち900字程度の漢字を書き，文や文章の中で使うこと。	ウ 第1学年までに学習した常用漢字に加え，その他の常用漢字のうち350字程度から450字程度までの漢字を読むこと。また，学年別漢字配当表に示されている漢字を書き，文や文章の中で使うこと。	ア 第2学年までに学習した常用漢字に加え，その他の常用漢字の大体を読むこと。また，学年別漢字配当表に示されている漢字について，文や文章の中で使い慣れること。

**「話し言葉と書き言葉」に関する指導事項について，平成20年版学習指導要領では，話し言葉と書き言葉の「違い」について理解することとされていましたが，新学習指導要領では，「特徴」について理解することとあります。その意図を教えてください。
また，「系統表」の「話し言葉と書き言葉」の欄の配置※について説明してください。**

※ p.39の表4にあるように，第1学年は，小学校第1学年及び第2学年，第3学年及び第4学年の指導事項イと並ぶように配置されていることを指しています。

A このことについては，小学校の内容とその系統性を確認することで御理解いただけることと思います。学年順に説明します。

p.39の表4を御覧ください。『解説国語編』の付録4「教科の目標，各学年の目標及び内容の系統表（小・中学校国語科）」（本書「資料」として掲載）の当該指導事項の箇所を抜粋したものです。

小学校第1学年及び第2学年，第3学年及び第4学年の指導事項イには，文字と音声との対応や語の認識，分かりやすく明瞭な話し方など，音声言語による活動の基盤となる話し言葉に関する内容が示されています。その延長に示されているのが，第１学年の指導事項アになります。小学校での学習を踏まえ，これまで生徒が話し言葉として使用してきた音声について，その働きや仕組みを整理し，理解を深めることを示しています。日頃，無意識に話している言葉について，話す際に音声がどのような働きをしているかを生徒自身が捉え直すことが求められます。平成20年版学習指導要領における指導と同様に，言葉の音声的特質について「Ａ話すこと・聞くこと」における指導などを通して考えさせる機会を作ることが大切です。

第２学年についてです。

小学校では，第１学年及び第２学年，第３学年及び第４学年における話し言葉や書き言葉の学習を基盤として，第５学年及び第６学年の指導事項イには，話し言葉と書き言葉のそれぞれがもつ特徴の違いについて気付くことが示されています。その延長に示されているのが，第２学年の指導事項イになります。小学校で，話し言葉と書き言葉，それぞれの特色や役割の違いに気付くことを学習したことを踏まえ，中学校では，音声と文字それぞれの特徴が，話し言葉と書き言葉それぞれの特徴と関連していることを理解するための内容が示されています。話し言葉と書き言葉を適切に使い分けられるよう，指導の工夫が求められます。

表4　「話し言葉と書き言葉」に関する指導事項

(小) 第1学年及び 第2学年	(小) 第3学年及び 第4学年	(小) 第5学年及び 第6学年	(中) 第1学年	(中) 第2学年	(中) 第3学年
(1) 言葉の特徴や使い方に関する次の事項を身に付けることができるよう指導する。					
		イ　話し言葉と書き言葉との違いに気付くこと。		イ　話し言葉と書き言葉の特徴について理解すること。	
イ　音節と文字との関係，アクセントによる語の意味の違いなどに気付くとともに，姿勢や口形，発声や発音に注意して話すこと。	イ　相手を見て話したり聞いたりするとともに，言葉の抑揚や強弱，間の取り方などに注意して話すこと。		ア　音声の働きや仕組みについて，理解を深めること。		
ウ　長音，拗(よう)音，促音，撥(はつ)音などの表記，助詞の「は」，「へ」及び「を」の使い方，句読点の打ち方，かぎ(「　」)の使い方を理解して文や文章の中で使うこと。また，平仮名及び片仮名を読み，書くとともに，片仮名で書く語の種類を知り，文や文章の中で使うこと。	ウ　漢字と仮名を用いた表記，送り仮名の付け方，改行の仕方を理解して文や文章の中で使うとともに，句読点を適切に打つこと。また，第3学年においては，日常使われている簡単な単語について，ローマ字で表記されたものを読み，ローマ字で書くこと。	ウ　文や文章の中で漢字と仮名を適切に使い分けるとともに，送り仮名や仮名遣いに注意して正しく書くこと。			

Q5 「表現の技法」に関する指導事項について，今回の改訂では，「倒置，体言止め」が明記されました。その意図について教えてください。

A 「倒置や体言止め」については，教科書等に掲載されており，多くの学校において指導されていると思います。また，教科書等においては，それ以外にも様々な表現の技法が見られます。p.41の表5を御覧ください。小学校では，第5学年及び第6学年の〔知識及び技能〕(1)クの指導事項に「比喩や反復などの表現の工夫に気付くこと。」とあります。『小学校学習指導要領（平成29年告示）解説　国語編』を確認してみましょう。そこには，次のように書かれています。

> 表現の工夫には，比喩や反復，倒置など様々なものがある。
>
> 　これらの表現の工夫は，第1学年及び第2学年の児童が読んだり書いたりする文章中にも頻繁に見られる。第5学年及び第6学年においては，これまでに触れてきたこうした表現の工夫への気付きをまとめて整理することが求められる。このことが，中学校第1学年の〔知識及び技能〕の(1)「オ　比喩，反復，倒置，体言止めなどの表現の技法を理解し使うこと。」の指導へと発展していく。

中学校では，小学校での学習，生徒の課題や指導の実態等を踏まえ，「倒置，体言止め」を含め，様々な表現の技法について，その名称とともに理解し，話や文章の中で使うことが求められます。引き続き，機を捉えて指導することが大切です。

表5 「表現の技法」に関する指導事項

(小) 第1学年及び 第2学年	(小) 第3学年及び 第4学年	(小) 第5学年及び 第6学年	(中) 第1学年	(中) 第2学年	(中) 第3学年
(1) 言葉の特徴や使い方に関する次の事項を身に付けることができるよう指導する。					
		ク 比喩や反復などの表現の工夫に気付くこと。	オ 比喩，反復，倒置，体言止めなどの表現の技法を理解し使うこと。		

⑵ 情報の扱い方に関する事項に関連したもの

情報の扱い方に関する事項が新設されました。その経緯と内容について教えてください。

Ａ　今回の改訂では，「国語科の改訂の趣旨及び要点」が，以下の５点に分けて説明されています。

⑴ 目標及び内容の構成

⑵ 学習内容の改善・充実

⑶ 学習の系統性の重視

⑷ 授業改善のための言語活動の創意工夫

⑸ 読書指導の改善・充実

情報の扱い方に関する事項の新設は，この中の「⑵ 学習内容の改善・充実」に関わるものです。

急速な情報化や技術革新が，私たち人間の生活を質的にも変化させつつあると言われています。そのような中で，様々な媒体の中から必要な情報を取り出したり，情報同士の関係を分かりやすく整理したり，発信したい情報を様々な手段で表現したりすることが求められています。一方，「答申」では，「教科書の文章を読み解けていないとの調査結果もあるところであり，文章で表された情報を的確に理解し，自分の考えの形成に生かしていけるようにすることは喫緊の課題である。」と指摘されています。

話や文章を正確に理解するためには，話や文章に含まれている情報を取り出して整理したり，その関係を捉えたりすることが大切です。また，話や文章で適切に表現するためには，自分のもつ情報を整理して，その関係を分かりやすく明確にすることが大切です。こうした資質・能力の育成に向け，新学習指導要領では，情報の扱い方に関する事項が新設されています。

情報の扱い方，と言うと，データ処理等を想起される先生方もいらっしゃるかもしれませんが，この指導事項はそういう内容ではなく，あくまでも論理的な思考力の育成につながるものであるという点を御確認いただいた上で，学習内容の改善・充実を図っていくことが求められます。

さて，p.45の表6を御覧ください。情報の扱い方に関する事項は，「情報と情報との関係」と「情報の整理」の二つの系統に整理して示されています。

「情報と情報との関係」は，情報と情報との様々な関係に関する指導事項です。示された内容を見ると分かるように，平成20年版学習指導要領において，「A話すこと・聞くこと」，「B書くこと」，「C読むこと」の各領域において示していた内容も含まれています。今回の改訂では，話したり聞いたり書いたり読んだりするために共通して必要となる「知識及び技能」として改めて整理され，基本的なものが取り上げられ系統的に示されています。ですから，指導事項としては新規のものですが，先生方が今まで指導されてきた「意見と根拠」，「具体と抽象」などの内容を改めて整理し，全ての生徒に育成すべき資質・能力として明記したものであると御理解いただくと分かりやすいと思います。

各領域における「思考力，判断力，表現力等」を育成する上では，話や文章に含まれている情報と情報との関係を捉えて理解したり，自分のもつ情報と情報との関係を明確にして話や文章で表現したりすることが重要です。本指導事項を踏まえて，引き続き適切な指導が求められます。

「情報の整理」に関する指導事項については，情報を取り出したり活用したりする際に行う整理の仕方やそのための具体的な手順が示されています。各指導事項の内容を見ていただくと分かるように，比較や分類，関係付けなどの情報の整理の仕方，引用の仕方や出典の示し方などは，小学校から系統的に指導しています。中学校においては，それらの理解を深め，こうした「知識及び技能」を言語活動の中で使うことができるようにすることが重要です。

このような「情報と情報との関係」や「情報の整理」についての理解が進むよう，例えば，

・比較的長い文章を用いて，そこに含まれている情報同士の関係を取り上げたり，
・複数の情報を用いて，それらを比較，分類，関係付けたりする学習活動を取り入れたり，
・情報同士の様々な関係を図や絵，記号などを用いて整理したり

するなどの指導を工夫することが考えられます。

表6　情報の扱い方に関する指導事項

	(小) 第1学年及び第2学年	(小) 第3学年及び第4学年	(小) 第5学年及び第6学年
	(2) 話や文章に含まれている情報の扱い方に関する次の事項を身に付けることができるよう指導する。		
情報と情報との関係	ア　共通，相違，事柄の順序など情報と情報との関係について理解すること。	ア　考えとそれを支える理由や事例，全体と中心など情報と情報との関係について理解すること。	ア　原因と結果など情報と情報との関係について理解すること。
情報の整理		イ　比較や分類の仕方，必要な語句などの書き留め方，引用の仕方や出典の示し方，辞書や事典の使い方を理解し使うこと。	イ　情報と情報との関係付けの仕方，図などによる語句と語句との関係の表し方を理解し使うこと。

	(中) 第1学年	(中) 第2学年	(中) 第3学年
	(2) 話や文章に含まれている情報の扱い方に関する次の事項を身に付けることができるよう指導する。		
情報と情報との関係	ア　原因と結果，意見と根拠など情報と情報との関係について理解すること。	ア　意見と根拠，具体と抽象など情報と情報との関係について理解すること。	ア　具体と抽象など情報と情報との関係について理解を深めること。
情報の整理	イ　比較や分類，関係付けなどの情報の整理の仕方，引用の仕方や出典の示し方について理解を深め，それらを使うこと。	イ　情報と情報との関係の様々な表し方を理解し使うこと。	イ　情報の信頼性の確かめ方を理解し使うこと。

古典を苦手としている生徒が多いと感じています。古典の指導について教えてください。

A 「平成25年度中学校学習指導要領実施状況調査」（以下，「実施状況調査」）では，生徒質問紙調査及び教師質問紙調査を実施しています。詳細は，国立教育政策研究所のウェブページを御覧いただければと思います（QRコードを付します）。

評価参考資料

「古文や漢文などを読むのは，好きですか」という質問に，「どちらかといえば好きではない」，「好きではない」と回答した生徒の割合は，第１学年は60.8%，第２学年は66.1%，第３学年は66.8%でした。

一方，「古典や漢文を音読して，古典特有のリズムを味わい，古典の世界に触れること」について，第１学年の生徒の学習状況を聞いたところ，「生徒が興味・関心をもちやすい」と回答した教師の指導を受けている生徒の割合は81.7%でした。この結果を見ると，古典の学習について，生徒と教師の間に意識の差が見られると言えそうです。しかし，目の前の生徒の実態を踏まえ，日々工夫して指導されていることは，「伝統的な言語文化に関する授業については，その楽しさを味わい，古典に親しめるよう，小学校での学習を踏まえて指導していますか」という質問に，「そうしている」，「どちらかといえばそうしている」と回答した教師の指導を受けている生徒の割合が，第１学年は88.2％，第２学年は73.2％，第３学年は74.1％であることからも明らかです。

では，今後，どのような点に留意して，授業改善を行えばよいでしょうか。「実施状況調査」では，「小学校との接続を意識し，伝統的な言語文化に一層親しませる指導の充実」として，以下を挙げています。

○　小学校での学習を踏まえ，内容の理解にとどまることなく，古文を読む目的や必然性を明確にした上で，古人のものの見方や考え方に主体的に関わるような学習指導の工夫が必要である。
○　現代語訳や解説文を積極的に活用するとともに，関連する本や文章，音声や映像等を活用して古典の世界に親しませるよう工夫することが大切である。

新学習指導要領でも，小学校での学習を踏まえ，引き続き古典に親しむことを重視し，その表現を味わったり，自らの表現に生かしたりすることに重点を置いて内容を構成しています（p.49の表７参照）。

各学年アの指導事項は，音読するなどして我が国の言語文化の世界に親しむことを系統的に示しています。音読や朗読を行うので，今までどおり原文を中心に扱うことが考えられます。

各学年イの指導事項は，古典の現代語訳や古典について解説した文章などを教材として扱うことが考えられます。これは，「第３　指導計画の作成と内容の取扱い」の「３　教材についての配慮事項」に「⑸ 古典に関する教材については，古典の原文に加え，古典の現代語訳，古典について解説した文章などを取り上げること。」とあるとおりです。また，「実施状況調査」でも示されたように，音声や映像等を積極的に活用して，音読に役立てたり，当時の様子を想像したりすることも考えられます。なお，いずれの指導事項も，基本的には〔思考力，判断力，表現力等〕の指導事項との関連を考えて授業を構想することは，他の〔知識及び技能〕の指導事項と同様です。

質問の多い指導事項を取り上げて説明しましょう。

第１学年の指導事項アについてです。文語のきまりや訓読の仕方を知ることについては平成20年版学習指導要領と同様ですが，「音読に必要な」と明記されています。これは，教材を音読する際に，教材に即して文語のきまりや訓読の仕方を学習することを示しています。これまでと同様，何の脈絡もなく文語のきまりや訓読の仕方を教えるのではなく，教材と関わらせて指導を行うことが大切です。それが，学習に必然性をもたせ，古典に興味をもたせることにつながります。

第３学年の指導事項イについてです。古典の一節を引用することについては平成20年版学習指導要領と同様ですが，「長く親しまれている言葉」が加えられています。目の前の生徒の実態や学習の状況に応じて，小学校から積み重ねてきていることわざや慣用句，故事成語等，様々な言葉や一節を広く学習対象とすることが可能です。

表7 「伝統的な言語文化」に関する指導事項

(小) 第1学年及び 第2学年	(小) 第3学年及び 第4学年	(小) 第5学年及び 第6学年	(中) 第1学年	(中) 第2学年	(中) 第3学年
⑶ 我が国の言語文化に関する次の事項を身に付けることができるよう指導する。					
ア 昔話や神話・伝承などの読み聞かせを聞くなどして，我が国の伝統的な言語文化に親しむこと。	ア 易しい文語調の短歌や俳句を音読したり暗唱したりするなどして，言葉の響きやリズムに親しむこと。	ア 親しみやすい古文や漢文，近代以降の文語調の文章を音読するなどして，言葉の響きやリズムに親しむこと。	ア 音読に必要な文語のきまりや訓読の仕方を知り，古文や漢文を音読し，古典特有のリズムを通して，古典の世界に親しむこと。	ア 作品の特徴を生かして朗読するなどして，古典の世界に親しむこと。	ア 歴史的背景などに注意して古典を読むことを通して，その世界に親しむこと。
イ 長く親しまれている言葉遊びを通して，言葉の豊かさに気付くこと。	イ 長い間使われてきたことわざや慣用句，故事成語などの意味を知り，使うこと。	イ 古典について解説した文章を読んだり作品の内容の大体を知ったりすることを通して，昔の人のものの見方や感じ方を知ること。	イ 古典には様々な種類の作品があることを知ること。	イ 現代語訳や語注などを手掛かりに作品を読むことを通して，古典に表れたものの見方や考え方を知ること。	イ 長く親しまれている言葉や古典の一節を引用するなどして使うこと。

Q8 書写の指導については，時数も含めてあまり変更がないように思いますが，ポイントがあれば教えてください。

A 今回の改訂において，書写に関する指導事項は，〔知識及び技能〕の内容に整理されています。各学年の内容は，p.53の表8に示したとおりです。ここに示された内容を理解し使うことを通して，各教科等の学習活動や日常生活に生かすことのできる書写の能力を育成することが重要です。特に，我が国の伝統的な文字文化を継承し，これからの社会に役立つ様々な文字文化に関する「知識及び技能」について理解し，文字を効果的に書くことができる力を育成することを意識して指導することが大切です。

では，質問の多い箇所を取り上げ，具体的な内容を確認していきましょう。

まず，第1学年の指導事項⑶エ(イ)についてです。行書は，中学校で初めて指導する内容です。小学校における書く速さや点画のつながりについての学習を踏まえ，中学校では，社会生活における言語活動に必要な書写の能力を養うため，速く書くことが求められます。そこで，第1学年では，楷書よりも速く書くことのできる行書の基礎的な書き方を指導します。このことは，平成20年版学習指導要領でも同様ですが，今回の改訂では「身近な文字を行書で書くこと」として，対象となる文字を明示しました。今までも身近な文字を中心に学習してきたと思いますが，例えば，メモをとるときによく使われる「日時，日程，期日，場所，会場，時間」など，引き続き，学習や生活の中で使用頻度の高い語句などを取り上げて学習することが考えられます。その上で，生徒自らが行書の特徴に気付き，身近な文字を書く際に積極的に役立てるような，主体的な学習がなされるように授業を構想することが大切です。

次に，第３学年の指導事項⑶エ㋐についてです。「身の回りの多様な表現を通して文字文化の豊かさに触れ，」と示されています。平成20年版学習指導要領においても，「文字を手書きすることの意義に気付かせ，併せて，文字文化に関する認識を改めて形成させるとともに，主体的な文字の使い手になるきっかけをもたせることを求めている」と示されていましたが，今回は指導事項に「文字文化の豊かさに触れ」と明記されています。引き続き，我が国の伝統や文化の中で育まれてきた文字文化を大切にし，その豊かさに触れる機会を意図的・計画的に設けることが大切です。

最後に，授業時数について確認します。「第３　指導計画の作成と内容の取扱い」には，〔知識及び技能〕に示す事項の取扱いとして，以下のように示されています。

> ウ　書写の指導については，第２の内容に定めるほか，次のとおり取り扱うこと。
> ㋐　文字を正しく整えて速く書くことができるようにするとともに，書写の能力を学習や生活に役立てる態度を育てるよう配慮すること。

(イ) 硬筆を使用する書写の指導は各学年で行うこと。

(ウ) 毛筆を使用する書写の指導は各学年で行い，硬筆による書写の能力の基礎を養うよう指導すること。

(エ) 書写の指導に配当する授業時数は，第１学年及び第２学年では年間20単位時間程度，第３学年では年間10単位時間程度とすること。

上記ウ(エ)に示されているように，授業時数は今までと同様であり，この時数を下回ることは想定していません。また，ウ(ウ)に示されているとおり，全ての学年で毛筆を使用し，硬筆による書写の能力の基礎を養うよう指導することも今までと同様であり，毛筆による書写の指導が一層効果的に働くことが求められます。引き続き，年間の指導計画を適切に立て，確実に指導することが重要です。

なお，指導計画の作成に当たって，書写の指導を取り上げて計画する場合には，〔知識及び技能〕や〔思考力，判断力，表現力等〕の指導と関連させた指導計画になるよう配慮することが重要です。各学年に示した書写の授業時数に応じて，毛筆を使用する書写の指導と硬筆を使用する書写の指導との割合を，学校と生徒の実態に即して適切に設定することが求められます。

表８　「書写」に関する指導事項

(中) 第１学年	(中) 第２学年	(中) 第３学年
⑶ 我が国の言語文化に関する次の事項を身に付けることができるよう指導する。		
エ　書写に関する次の事項を理解し使うこと。 ㋐ 字形を整え，文字の大きさ，配列などについて理解して，楷書で書くこと。 ㋑ 漢字の行書の基礎的な書き方を理解して，身近な文字を行書で書くこと。	ウ　書写に関する次の事項を理解し使うこと。 ㋐ 漢字の行書とそれに調和した仮名の書き方を理解して，読みやすく速く書くこと。 ㋑ 目的や必要に応じて，楷書又は行書を選んで書くこと。	エ　書写に関する次の事項を理解し使うこと。 ㋐ 身の回りの多様な表現を通して文字文化の豊かさに触れ，効果的に文字を書くこと。

Q9 「読書」に関する指導事項について，平成20年版学習指導要領では，「C読むこと」の領域に位置付けられていましたが，今回の改訂では，〔知識及び技能〕の「(3)我が国の言語文化に関する事項」として整理されています。どのような点に注意して授業を構想すればよいですか。

A まず，大前提として，読書活動は国語科だけでなく，各教科等で充実を図るものであることを確認することが重要です。新学習指導要領では，「第1章　総則」の「第3　教育課程の実施と学習評価」の「1　主体的・対話的で深い学びの実現に向けた授業改善」において，読書活動に関する内容が以下のとおり示されています。

> 1　主体的・対話的で深い学びの実現に向けた授業改善
> 各教科等の指導に当たっては，次の事項に配慮するものとする。
> （中略）
> (2)　第2の2の(1)に示す言語能力の育成を図るため，各学校において必要な言語環境を整えるとともに，国語科を要としつつ各教科等の特質に応じて，生徒の言語活動を充実すること。あわせて，(7)に示すとおり読書活動を充実すること。
> （中略）
> (7)　学校図書館を計画的に利用しその機能の活用を図り，生徒の主体的・対話的で深い学びの実現に向けた授業改善に生かすとともに，生徒の自主的，自発的な学習活動や読書活動を充実す

ること。また，地域の図書館や博物館，美術館，劇場，音楽堂等の施設の活用を積極的に図り，資料を活用した情報の収集や鑑賞等の学習活動を充実すること。

上記(2)は言語環境の整備と言語活動の充実に関する内容，(7)は学校図書館，地域の公共施設の利活用に関する内容です。読書は，言語能力を向上させる重要な活動の一つですので，(2)で読書活動の充実について規定し，具体的な充実の在り方については，学校図書館等の活用と関連付けて(7)で規定しています。

これらを踏まえて，学校として読書指導の全体計画を作成し，実施することが大切です。

また，平成30年4月には，第四次「子供の読書活動の推進に関する基本的な計画」が公表されました。この中では，発達段階に応じた読書活動の推進方策が重要であるとし，中学生の時期の傾向を次のように分析しています。

③　中学生の時期（おおむね12歳から15歳まで）

多読の傾向は減少し，共感したり感動したりできる本を選んで読むようになる。自己の将来について考え始めるようになり，読書を将来に役立てようとするようになる。

その上で，具体的な取組について次のように提言しています。

小学校，中学校，高等学校等の各学校段階において，子供が生涯にわたる読書習慣を身に付け，読書の幅を広げるため，読書の機会の拡充や図書の紹介，読書経験の共有により，様々な図書に触れる機会を確保することが重要である。具体的には，以下の活動が挙げられる。

・全校一斉の読書活動
・推薦図書コーナーの設置
・卒業までに一定量の読書を推奨するなどの目標設定
・子供が相互に図書を紹介し，様々な分野の図書に触れる活動，読書会，ペア読書，お話（ストーリーテリング），ブックトーク，アニマシオン，書評合戦（ビブリオバトル）等の子供同士で行う活動

このような学校全体の取組の中に，国語科における読書指導を計画的に位置付けていくことが大切です。

さて，中学校国語科においては，「答申」で，「読書は，国語科で育成を目指す資質・能力をより高める重要な活動の一つである。」とされたことを踏まえ，各学年において，国語科の学習が読書活動に結び付くよう〔知識及び技能〕に「読書」に関する指導事項を位置付けるとともに，「C読むこと」の領域では，学校図書館などを利用して様々な本などから情報を得て活用する言語活動例を示しました。

〔知識及び技能〕に位置付けられたことにより，「A話すこと・聞くこと」や「B書くこと」の領域の学習と関連付けた指導が一層構想しやすくなります。例えば，議論や討論のための資料を集めたり，物語などを創作する際に，見本となる文章を探して読んだりすることが考えられます。その中で，p.57の表9に示した，各学年の「読書」に関する指導事項を確実に指導するようにします。

また，〔知識及び技能〕に示す事項については，必要に応じて，特定の事項だけを取り上げて指導したり，それらをまとめて指導したりすることができます。これに基づいて，学期末や学年末などに，これまでの自身の読書活動を振り返り，読書の意義等について改めて考えてみるといった学習を行うことも考えられます。

表9 「読書」に関する指導事項

(中) 第1学年	(中) 第2学年	(中) 第3学年
(3) 我が国の言語文化に関する次の事項を身に付けることができるよう指導する。		
オ 読書が，知識や情報を得たり，自分の考えを広げたりすることに役立つことを理解すること。	エ 本や文章などには，様々な立場や考え方が書かれていることを知り，自分の考えを広げたり深めたりする読書に生かすこと。	オ 自分の生き方や社会との関わり方を支える読書の意義と効用について理解すること。

〔思考力，判断力，表現力等〕

(1)「A話すこと・聞くこと」に関する事項に関連したもの

Q10 指導事項が学習過程に即して示されていますが，授業づくりをする上で気を付けることはありますか。

A 平成20年版学習指導要領でも同様に御指導いただいているところですが，授業において，生徒自身が学習過程そのものを意識できるようにすることが大切です。

例えば，「B書くこと」において，題材の設定から共有に至る学習過程は，基本的に私たちが文章を書く際の過程に即しています（p.26の表1参照）。こういう過程を経て文章を書いているということを生徒自身が理解して学習を進めていくことは，日常生活や社会生活において，生きて働く資質・能力の育成につながるとともに，学習の見通しをもつ上でも重要です。

なお，プロローグでも説明しましたが，学習過程は指導の順序性を示すものではないことを改めて確認しておきます。年間指導計画を踏まえ，目の前の生徒の学習の状況等に応じて授業を構想し，指導事項に示された内容を確実に育成することが大切です。

授業づくりをする上で，言語活動を通して指導事項を指導することが基本となっている理由を教えてください。

A 指導事項に示された内容を生徒が確実に身に付けるためには，日常生活や社会生活で行われている言語活動を通して指導することが大切です。

例えば，第2学年〔思考力，判断力，表現力等〕の「B書くこと」のウに「表現の効果を考えて描写」することが示されています。このことについて，『解説国語編』には，「描写とは，物事の様子や場面，行動や心情などを，読み手が言葉を通して具体的に想像できるよう描くことであり，情景描写，人物描写などがある。」といった「描写」の説明に加えて，「表現の効果を考えて描写するとは，その語句や表現が，文章の内容を伝えたり印象付けたりする上で，どのように働いているかを考えながら，より効果的な語句や表現を選んで描写することである。」と解説されています。しかし，このことを生徒に説明しただけでは，当該内容に係る文章を書けるようにはなかなかならないでしょう。その際，例えば，言語活動例に示された「物語を創作する」といった書く活動を通して，実際に文章を書きながら学習を進めていくことで，「表現の効果を考えて描写する」とはどういうことかの具体を理解していくわけです。なお，このことは，「A話すこと・聞くこと」や「B読むこと」の学習においても同様です。

Q12 「A話すこと・聞くこと」領域の学習過程について，「聞くこと」や「話し合うこと」の学習過程に，指導事項のアが再掲されています。このことをどのように授業に生かしていけばよいでしょうか。

A 「答申」においては，ただ活動するだけの学習にならないよう，活動を通じてどのような資質・能力を育成するかを示すため，学習過程を改めて整理しています。〔思考力，判断力，表現力等〕の「A話すこと・聞くこと」領域については，p.61の表10のように学習過程が整理されました。平成20年版学習指導要領では，「話すこと」，「聞くこと」，「話し合うこと」の枠組みのみが示されていましたので，今回の改訂ではずいぶん細かく明示されたという印象をもたれたかと思いますが，これは，前述の整理を踏まえ，学習過程を一層明確にし，指導事項を位置付けたことによるものです。

その上で，改めて表10を見ると，ご指摘のとおり，「聞くこと」と「話し合うこと」に指導事項アが「(再掲)」されています。このことは，端的に言えば，「聞くこと」と「話し合うこと」の学習においても，話題の設定や情報の収集，内容の検討の学習過程が存在することを改めて示しているということです。各学年の指導事項アの冒頭に「目的や場面に応じて，」とあるように，私たちは日常生活や社会生活において，無目的に聞いたり話し合ったりすることはないわけで，「聞くこと」や「話し合うこと」を中心とした授業を構想する際も，何のために，何を話題として取り上げるのかを明確にすること，そして何より，それらの内容に生徒が価値を見いだし，必然性をもって学習を進められるようにすることが大切です。

表10 「A話すこと・聞くこと」領域の構成

<table>
<tr><th rowspan="2"></th><th rowspan="2">学習過程</th><th colspan="3">(1) 指導事項</th><th colspan="3">(2) 言語活動例</th></tr>
<tr><th>第1学年</th><th>第2学年</th><th>第3学年</th><th>第1学年</th><th>第2学年</th><th>第3学年</th></tr>
<tr><td rowspan="7">話すこと</td><td>話題の設定</td><td rowspan="3">ア</td><td rowspan="3">ア</td><td rowspan="3">ア</td><td rowspan="19">ア（話したり聞いたりする活動）
イ（話し合う活動）</td><td rowspan="19">ア（話したり聞いたりする活動）
イ（話し合う活動）</td><td rowspan="19">ア（話したり聞いたりする活動）
イ（話し合う活動）</td></tr>
<tr><td>情報の収集</td></tr>
<tr><td>内容の検討</td></tr>
<tr><td>構成の検討</td><td rowspan="2">イ</td><td rowspan="2">イ</td><td rowspan="2">イ</td></tr>
<tr><td>考えの形成</td></tr>
<tr><td>表現</td><td rowspan="2">ウ</td><td rowspan="2">ウ</td><td rowspan="2">ウ</td></tr>
<tr><td>共有</td></tr>
<tr><td rowspan="6">聞くこと</td><td>話題の設定</td><td rowspan="2">ア
（再掲）</td><td rowspan="2">ア
（再掲）</td><td rowspan="2">ア
（再掲）</td></tr>
<tr><td>情報の収集</td></tr>
<tr><td>構造と内容の把握</td><td rowspan="4">エ</td><td rowspan="4">エ</td><td rowspan="4">エ</td></tr>
<tr><td>精査・解釈</td></tr>
<tr><td>考えの形成</td></tr>
<tr><td>共有</td></tr>
<tr><td rowspan="6">話し合うこと</td><td>話題の設定</td><td rowspan="3">ア
（再掲）</td><td rowspan="3">ア
（再掲）</td><td rowspan="3">ア
（再掲）</td></tr>
<tr><td>情報の収集</td></tr>
<tr><td>内容の検討</td></tr>
<tr><td>話合いの進め方の検討</td><td rowspan="3">オ</td><td rowspan="3">オ</td><td rowspan="3">オ</td></tr>
<tr><td>考えの形成</td></tr>
<tr><td>共有</td></tr>
</table>

Q13 「A話すこと・聞くこと」の学習で，スピーチ原稿を書かせるのですが，「B書くこと」の学習になってしまっているような気がしています。どのような点に注意して学習指導を行えばよいでしょうか。

A まず，大前提として確認すべきことは，「話すこと・聞くこと」は音声による表現活動であること，「書くこと」は文字による表現活動であるということです。当たり前のことのようですが，この点が曖昧な授業が意外と多く見られます。

例えば，ご質問にあるスピーチ原稿を例に考えてみましょう。「話すこと」を中心とした授業になると思いますが，スピーチ原稿を書くのはおおよそ「構成の検討，考えの形成」の学習過程（指導事項イ）に当たると思います。この学習過程は，確かに「B書くこと」の「構成の検討」（指導事項イ）の学習過程と似ているかもしれません。スピーチする際に原稿を書かせればなおさらでしょう。しかしながら，スピーチ原稿は話すために書くもの，書くことの授業で書く文章は読ませるために書くものです。とすれば，スピーチ原稿を書かせるに当たっては，例えば，次の点に注意が必要です。

○音声による表現活動であることを踏まえ，音声表現上の注意点（強調する，間をとる，相手を見るなど）を必要に応じて書き込めるような用紙（あるいは，そのような行間等がとられたもの）であるか

○スピーチ原稿を書き進める際に，音声による表現活動であることを意識しながら語彙や表現を選ばせるような指導を行っているか

以上のような点を確認した上で，「A話すこと・聞くこと」領域の授業を構想していただければと思います。

なお，スピーチ原稿を書くという学習についてですが，ぜひ，日常生活や社会生活に生きて働く言語能力の向上という視点を踏まえてほしいと思います。具体的に言えば，日常生活や社会生活においてスピーチ原稿を用意して話す機会は，おおよそ公的な限られた場面が多いでしょう。学校生活や勤務先等で何か提案する際は，原稿を棒読みしたのでは，例えば説得力という点では期待できません。実際は，メモを用意した程度で話したり，話した内容について即時的にやり取りを行いながら話が進んだりするといったことが多いのではないでしょうか。そのようなことを考えたとき，小学校段階から系統的に指導されている「A話すこと・聞くこと」の学習において，中学校の段階でどのような指導が必要なのかを，改めて学習指導要領の指導事項に照らして確認することが大切です。

Q14 グループごとにスピーチの練習をしている際に，どのような評価の工夫が考えられますか。

A 話し言葉は，相手（聞き手）の反応やその場の状況などの影響を強く受けるとともに，音声として即時的に消えていくという特徴をもちます。そのため，話すこと・聞くことの学習において，特に，話し言葉を評価対象とする際には，様々な工夫が必要になります。

ここ数年は，スピーチや話合いの様子を，タブレットPC等を使って撮影し，生徒自身が振り返りの材料にするとともに，教師が学習評価の材料としても活用するという実践が見られます。このことは，国語科が育成を目指す資質・能力を向上させる側面からも，教師が学習評価を行う際の効率化といった側面からも有効であり，国語科におけるICT活用としても効果的であると言えるでしょう。積極的な活用が期待されます。

さて，これ以外に，例えば，次のような方法も考えられます。p.65の図2は，少人数のグループを作ってスピーチの練習をする授業場面のイメージです。教師にとってこの時間に確認したいことは，個々の生徒が，原稿を見て話すだけではなく，聞き手を意識して話すことができるようになっているかどうかということです。そのためには，各グループに，ばらばらにスピーチの練習をさせたのでは，評価することは困難でしょう。そこで，練習する生徒は，図２のように，定位置に立ってスピーチすることにし，次の順番の生徒に変わるタイミングも教師が指示するようにします。そうすることによって，教師は教卓の位置からスピーチしている生徒全員を見渡すことができます。評価のポイントは，「聞き手を意識して話すことができるようになっているかどうか」ということですから，一人一人について適切に評価することが可能でしょう。

なお，このような学習形態の工夫については，「『指導と評価の一体化』のための参考資料【中学校国語】」（令和２年３月，国立教育政策研究所。p.46 に QR コード）「第３編」の事例でも説明しています。

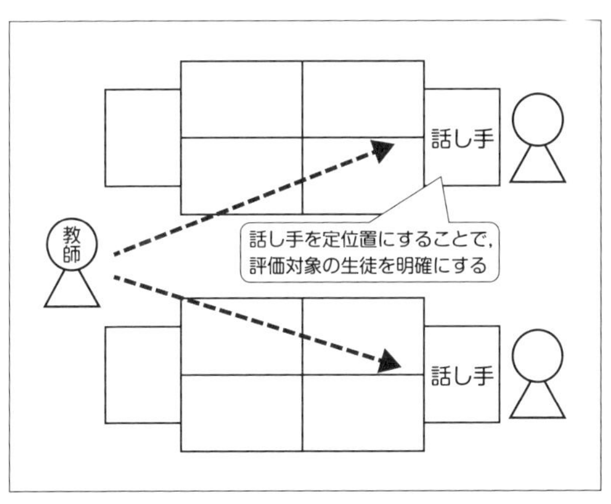

図２　評価の効率化のための座席の工夫例

Q15 「A話すこと・聞くこと」の資質・能力について，ペーパーテストを作成する際にどのような工夫が考えられますか。

A 「A話すこと・聞くこと」の資質・能力をペーパーテストで問う場合には，大きく分けて二つの方向性があると考えられます。

一つは，スピーチや話合いに必要な「知識及び技能」を問うことです。例えば，スピーチの場面を取り上げ，音声では区別しにくい同音異義語をどのような語句で表したらよいかを問うような問題が考えられます。

もう一つは，実際に話したり聞いたりする場面を紙面上で再現し，具体的な言語活動に即してどのような言動をとればよいかなどを問うような問題です。「A話すこと・聞くこと」の領域を紙面上で問うことはなかなか難しいかと思いますが，これについては，全国学力・学習状況調査の問題等が参考になるでしょう。

例えば，平成25年度の全国学力・学習状況調査問題では，イラストを使用することで，実際に話し合っている場面のイメージができるだけ生徒に伝わるような工夫がなされています（p.67の図3参照）。その上で，設問二では，場面④で，山田さんが司会の役割を果たすために何と言えばよいのかを問うています。ここを記述で解答させることも可能ですが，本問では選択肢を五つ設け，その中から三つを選ばせています。これは，場面①～③の様子から，場面④で山田さんが司会の役割を果たすための発言にはいくつかの方向性があることに気付くことを求めているということです。テスト後に，当該問題の学習の状況を取り上げて，次の話合いの学習への目当てを生徒にもたせることも効果的でしょう。

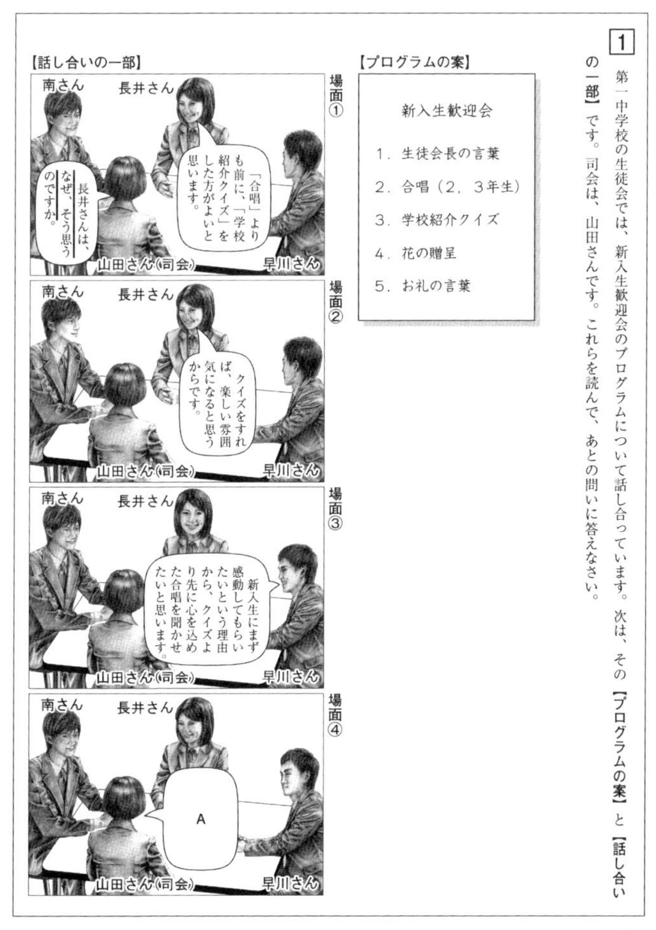

1

第一中学校の生徒会では、新入生歓迎会のプログラムについて話し合っています。次は、その【プログラムの案】と【話し合いの一部】です。司会は、山田さんです。これらを読んで、あとの問いに答えなさい。

【プログラムの案】

新入生歓迎会

1．生徒会長の言葉
2．合唱（2，3年生）
3．学校紹介クイズ
4．花の贈呈
5．お礼の言葉

【話し合いの一部】

図3　「平成25年度全国学力・学習状況調査」中学校国語A 1

⑵「B書くこと」に関する事項に関連したもの

Q16 「B書くこと」において，これまでの「交流」の指導事項が，「共有」の指導事項に変わったのはなぜですか。

A まず確認しておきたいのは，「交流」に関する指導事項が「共有」に関する指導事項に変わったという捉え方は正確ではないということです。プロローグで詳しく述べたように，今回の改訂では，平成20年版学習指導要領に示されている学習過程を改めて整理し，一層明確に示しています。ですから，これまでの「交流」が「共有」に変わったという部分的なことではなく，学習過程全体で確認することが大切です。

さて，p.69の表11にある「B書くこと」の学習過程をご覧ください。今回の改訂では，3領域の学習過程全てに，「考えの形成」と「共有」が示されています。「共有」が3領域に共通する学習過程として設定されたことを確認することも大切です。

では，「B書くこと」における「共有」について詳しく見ていきましょう。『解説国語編』では，「共有」について，「読み手からの助言などを踏まえて，自分が書いた文章のよい点や改善点を書き手自身が見いだすことを示している。」と説明しています。例えば，これまでの授業でも，書いた文章を互いに読み合う活動は行われてきました。しかし，それによってどのような資質・能力を身に付けさせるかは必ずしも明確でなかった実態があるかもしれません。そこで，新しい学習指導要領では，助言等によって自分が書いた文章のよい点や改善点を自身が見いだす資質・能力を，改めて明確にしたということです。

これを踏まえると，単に書いた文章を読んで感想を述べ合うだけでは十分ではありません。自分が書いた文章に対する「読み手」は様々に考えられますが，授業においては，生徒が互いに読み手になることが多くなると思います。その際，相手の文章については，よい点や改善点を具体的に指摘するよう指導します。また，自分の文章については，他の人からの助言等を参考に，よい点や改善点，さらに工夫したい点などを自覚できるよう指導します。そのため，各学年の「共有」に関する指導事項では，文章を読み合う上で，特に注意させたい観点を示しています。

表 11 「B 書くこと」領域の構成

<table>
<tr><th rowspan="2"></th><th rowspan="2">学習過程</th><th colspan="3">(1) 指導事項</th><th colspan="3">(2) 言語活動例</th></tr>
<tr><th>第１学年</th><th>第２学年</th><th>第３学年</th><th>第１学年</th><th>第２学年</th><th>第３学年</th></tr>
<tr><td rowspan="8">書くこと</td><td>題材の設定</td><td rowspan="3">ア</td><td rowspan="3">ア</td><td rowspan="3">ア</td><td rowspan="8">ア（説明的な文章を書く活動）
イ（実用的な文章を書く活動）
ウ（文学的な文章を書く活動）</td><td rowspan="8">ア（説明的な文章を書く活動）
イ（実用的な文章を書く活動）
ウ（文学的な文章を書く活動）</td><td rowspan="8">ア（説明的な文章を書く活動）
イ（実用的な文章を書く活動）</td></tr>
<tr><td>情報の収集</td></tr>
<tr><td>内容の検討</td></tr>
<tr><td>構成の検討</td><td>イ</td><td>イ</td><td>イ</td></tr>
<tr><td>考えの形成</td><td rowspan="2">ウ</td><td rowspan="2">ウ</td><td rowspan="2">ウ</td></tr>
<tr><td>記述</td></tr>
<tr><td>推敲</td><td>エ</td><td>エ</td><td>エ</td></tr>
<tr><td>共有</td><td>オ</td><td>オ</td><td>オ</td></tr>
</table>

Q17 「B書くこと」の指導においてICTをどのように活用することが考えられるでしょうか。

A ICTの活用については，学習指導要領「第3　指導計画の作成と内容の取扱い」の2に，内容の取扱いについての配慮事項として，情報機器の活用に関する事項を次のように示しています。

> ⑵ 第2の内容の指導に当たっては，生徒がコンピュータや情報通信ネットワークを積極的に活用する機会を設けるなどして，指導の効果を高めるよう工夫すること。

これを踏まえ，全ての指導においてICTの効果的な活用方法を考える必要がありますが，「B書くこと」の指導においては，例えば，次のような内容が考えられます。

第一は，情報の収集等における活用です。言うまでもなく，様々な情報を集める際には，情報通信ネットワークの活用が効果的です。これに加え，集めた情報を整理する際にもICTの活用が考えられます。

p.71の図4を御覧ください。ワープロソフトや表計算ソフトの画面上に，集めた情報を付箋の形で並べ，それをドラッグ＆ドロップして表内に分類しているイメージです。作業の途中の状態を保存したり，すぐにファイルを開いて作業を始めたりすることができるので大変便利です。

第二は，記述や推敲における活用です。ICT の長所の一つは試行錯誤が容易なことです。例えば，下書きした文章について段落ごと入れ替えるような作業は，手書きの場合は容易ではありませんが，ICT ならそれが簡単にできます。また，ワープロソフトの「添削」，「校閲」等の機能を使えば，推敲の跡を残しながら文章を書き進めることも可能です。これらを材料にすれば，自分の推敲の仕方を振り返る学習が効果的に進められるでしょう。

ほかにも，プレゼンテーションソフトのスライドを並べ替えながら，文章の構成を考えるような学習も考えられます。いずれも，特別なソフトを新たに準備するのではなく，既存のソフトや機能などを活用してみるという発想が重要です。様々な指導のアイデアが提案されることを期待します。

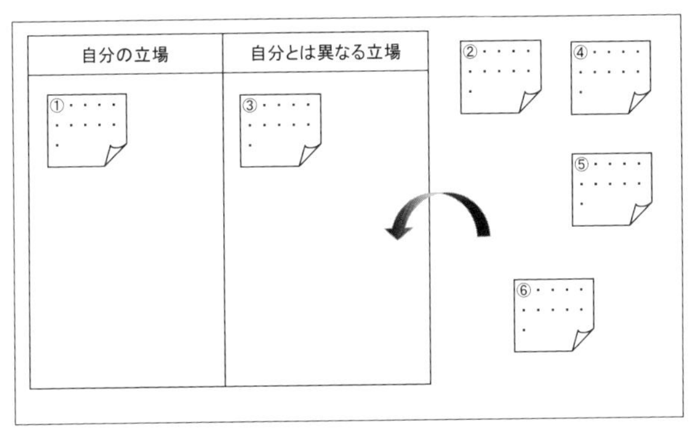

図４　情報の収集等における ICT の活用例

Q18 新設された〔知識及び技能〕の情報の扱い方に関する事項と，「B書くこと」との関連を図った指導としてどのようなことが考えられますか。

A 情報の扱い方に関する事項のみならず，〔知識及び技能〕に示されている事項は，基本的には〔思考力，判断力，表現力等〕の「A話すこと・聞くこと」，「B書くこと」，「C読むこと」3領域の事項の指導を通して指導します。そのことを確認した上で，御質問のあった情報の扱い方に関する事項について，「B書くこと」との関連を考えてみましょう。

「B書くこと」は，「題材の設定，情報の収集，内容の検討」，「構成の検討」，「考えの形成，記述」，「推敲」，「共有」の学習過程に沿って指導事項が示されています。例えば，p.73の表12に示した各学年の「題材の設定，情報の収集，内容の検討」にある下線部の内容は，情報の扱い方に関する事項の「情報の整理」に関する指導事項と関連付けての指導が考えられるでしょう。

具体的には，第1学年では「集めた材料を整理」する際に，「比較や分類，関係付けなどの情報の整理の仕方」に関する知識及び技能を活用してその理解を深めることが考えられます。第2学年では「多様な方法で集めた材料を整理」する際に，「情報と情報との関係の様々な表し方」（線や矢印で結び付ける，枠で囲んでグループに分ける，階層を分けて示すなど）に関する「知識及び技能」を習得したり活用したりすることが考えられます。第3学年では「集めた材料の客観性や信頼性を確認」する際に，「情報の信頼性の確かめ方」（出典を確認する，複数の情報源から得た情報を照らし合わせるなど）に関する「知識及び技能」を活用しながら理解することが考えられます。

表12　「B書くこと」の「題材の設定，情報の収集，内容の検討」と情報の扱い方に関する事項の「情報の整理」に関する指導事項

	第1学年	第2学年	第3学年
〔知識及び技能〕 情報の扱い方に関する事項 「情報の整理」	イ　比較や分類，関係付けなどの情報の整理の仕方，引用の仕方や出典の示し方について理解を深め，それらを使うこと。	イ　情報と情報との関係の様々な表し方を理解し使うこと。	イ　情報の信頼性の確かめ方を理解し使うこと。
〔思考力，判断力，表現力等〕 「B書くこと」 題材の設定，情報の収集，内容の検討	ア　目的や意図に応じて，日常生活の中から題材を決め，集めた材料を整理し，伝えたいことを明確にすること。	ア　目的や意図に応じて，社会生活の中から題材を決め，多様な方法で集めた材料を整理し，伝えたいことを明確にすること。	ア　目的や意図に応じて，社会生活の中から題材を決め，集めた材料の客観性や信頼性を確認し，伝えたいことを明確にすること。

Q19 「B書くこと」と「C読むこと」との関連を図った指導をする場合，どのようなことに注意すべきでしょうか。

A 複数の領域の関連を図った指導については，大きく二つの方法が考えられます。一つは，一つの単元の中に複数の領域の指導事項を位置付ける方法です。もう一つは，それぞれ単独の領域の指導を行った単元同士の関連を図る方法です。

このうち前者については，注意が必要です。一つの単元に複数の領域の指導事項を位置付けることにより，育成すべき資質・能力が曖昧になり，結果的にいずれの領域に係る資質・能力も十分に身に付かなくなることが懸念されるからです。もちろん，1単元の中で複数領域の指導事項を指導することを妨げるものではありません。しかし，その場合は，育成すべき資質・能力について，教師だけでなく，生徒も一層自覚的になれるように十分配慮する必要があります。

中学校国語科の授業では，1単元1領域の単元作りを基本とした上で，領域を超えた単元間の関連や学年間の関連を意識して授業を構想することを提案したいと思います。関連を図る際の視点は，あくまでも指導事項の内容です。

ここでは，カリキュラム・マネジメントの視点を踏まえ，学年及び領域間のつながりを意識した「B書くこと」と「C読むこと」の指導事項の関連を図った一例を示してみましょう。

第２学年「Ｂ書くこと」の「構成の検討」に関する指導事項は,「イ　伝えたいことが分かりやすく伝わるように，段落相互の関係などを明確にし，文章の構成や展開を工夫すること。」です。例えば，意見を述べる文章を書く際に，自分の考えを分かりやすく伝えるために，どのように段落を設けるか，設けた段落をどのような順序で展開するかなどを考える授業が想定できます。その際，第１学年「Ｃ読むこと」の指導事項「エ　文章の構成や展開，表現の効果について，根拠を明確にして考えること。」を指導した際の学習内容を想起させ（例えば，説明的な文章を読んで文章の構成を把握した上で，そのような構成にしたことでどのような効果が生まれているのかを，根拠となる段落等を取り上げて考えるような授業が想定できます），そこで身に付けた資質・能力（＝前述の指導事項エの内容）を活用するように促します。第１学年で読んだ文章にはどのような構成の工夫が見られたのかを振り返り，自分の書く文章に役立てるのです。

このような領域の関連を図った指導は，資質・能力を確実に育成するとともに，限られた授業時数の中で効果的な指導を行うことにつながります。『解説国語編』の「系統表」（本書「資料」として掲載）を活用し，小学校での内容を踏まえた上で，中学校３年間を見通した指導計画を立案することが大切です。

(3)「C読むこと」に関する事項に関連したもの

Q20

「C読むこと」の学習過程をみると，まず文章を読んで構造や内容を把握し，その次に精査・解釈し，最後に考えを形成してそれを共有するといった流れを踏んでいるように思います。このような流れで指導すればよいのでしょうか。

A 今回示された〔思考力，判断力，表現力等〕の「A話すこと・聞くこと」，「B書くこと」，「C読むこと」全ての領域で示された学習過程は，平成20年版学習指導要領と同様，指導の順序性を示すものではありません。このことを改めて確認する必要があります。p.78の表13に「C読むこと」の学習過程を示しました。「C読むこと」領域ももちろん，指導事項を順番に指導する必要はなく，順序を入れ換えて学習したり，繰り返して学習したりすることも想定されます。ただ，いずれの領域も，私たちが日常，話したり聞いたり書いたり読んだりする際の流れの一つを示していると言えます。ですから，当該単元で育成したい資質・能力に応じて，御質問にあるような流れで指導することも想定されます。学習過程は指導の順序を示すものではありませんが，順序どおりに行うことを排除するものではありません。育成したい資質・能力に照らして，様々な工夫が考えられるでしょう。

また，「C読むこと」領域においては，〔知識及び技能〕の

「読書」に関する指導事項との関連を図って，生徒の日常の読書活動に結び付くように授業を構想することが大切です。もちろん，他領域でも「読書」に関する指導事項との関連を図ることはできますが，特に「C読むこと」領域においては意識したいところです。

では，改めて，表13で「C読むこと」領域の学習過程を確認してみましょう。

学習過程は，「構造と内容の把握」，「精査・解釈」，「考えの形成，共有」の三つの内容で示されています。

「構造と内容の把握」の第1学年については，小学校の整理を踏まえ，説明的な文章と文学的な文章に分けて示されています。

「精査・解釈」については，文章の内容に関するものと文章の形式に関するものとに分けて示されています。特に，全国学力・学習状況調査等の各種調査において，現在の中学生は，文章の構成や展開など文章の形式について理解したり考えをもったりすることに課題があることが指摘されています。「精査・解釈」に関する指導事項が二つに分けて示されている意味を十分に御理解いただき，育成したい資質・能力を明確にして授業を構想することが大切です。

「考えの形成，共有」では，文章を読んで理解したことなどに基づいて，自分の既有の知識や様々な経験と結び付けて考えを広げたり深めたりすることが求められます。

これらの内容を踏まえて，実際に授業を構想する際は，例えば，「考えの形成，共有」の指導事項を単元の最初と最後に位置付けたり，「構造と内容の把握」と「精査・解釈」の内容を行き来したりする学習も考えられるでしょう。あくまでも，目の前の生徒の学習の状況に応じて，授業を構想することが大切です。具体的には，今までどのような文章を使って，どのような資質・能力を身に付けてきたのか，当該単元は１年間の指導計画のどの時期に位置付いているものであり，これからどのような学習につながっていくのか等を考えるということです。見通しと振り返りは，教師が授業を構想する際にも重要です。

表13　「C読むこと」領域の構成

<table>
<tr><th rowspan="2"></th><th rowspan="2">学習過程</th><th colspan="3">(1) 指導事項</th><th colspan="3">(2) 言語活動例</th></tr>
<tr><th>第1学年</th><th>第2学年</th><th>第3学年</th><th>第1学年</th><th>第2学年</th><th>第3学年</th></tr>
<tr><td rowspan="5">読むこと</td><td>構造と内容の把握
(説明的な文章)</td><td>ア</td><td rowspan="2">ア</td><td rowspan="2">ア</td><td rowspan="5">ア（説明的な文章を読む活動）
イ（文学的な文章を読む活動）
ウ（本などから情報を得て活用する活動）</td><td rowspan="5">ア（説明的な文章を読む活動）
イ（文学的な文章を読む活動）
ウ（本などから情報を得て活用する活動）</td><td rowspan="5">ア（説明的な文章を読む活動）
イ（文学的な文章を読む活動）
ウ（本などから情報を得て活用する活動）</td></tr>
<tr><td>構造と内容の把握
(文学的な文章)</td><td>イ</td></tr>
<tr><td>精査・解釈
（内容）</td><td>ウ</td><td>イ，ウ</td><td>イ</td></tr>
<tr><td>精査・解釈
（形式）</td><td>エ</td><td>エ</td><td>ウ</td></tr>
<tr><td>考えの形成，
共有</td><td>オ</td><td>オ</td><td>エ</td></tr>
</table>

小学校では，「考えの形成」と「共有」の指導事項がそれぞれ示されていますが，中学校では一つになっています。なぜですか。

A 小学校では，「共有」の学習過程に個別の指導事項を設け，文章を読んで感じたり考えたりすることを共有する「思考力，判断力，表現力等」を示しています。「共有」について，『小学校学習指導要領（平成29年告示）解説国語編』では，以下のように説明されています。

> 「共有」とは，文章を読んで形成してきた自分の考えを表現し，互いの考えを認め合ったり，比較して違いに気付いたりすることを通して，自分の考えを広げていくことである。

中学校においては，考えを広げたり深めたりするために「共有」の過程を踏むのは自明のことです。小学校で身に付けた力を生かし，自分の考えを他者の考えと比較して共通点や相違点を明らかにしたり，一人一人の捉え方の違いやその理由などについて考えたりすることが重要です。考えさせたい内容にあわせて，話合いを行うのか，文章に表すのかなど，多様な共有の仕方を考えることが大切です。内容によっては，生徒自身が共有の仕方を考えて学習を進めることもあるでしょう。そうした中で，他者の考えのよさを感じたり自分の考えのよさを認識したりすることが重要です。

Q22 「C読むこと」の「精査・解釈」の指導事項には，各学年ともに複数の指導事項が位置付けられています。なぜですか。

A まず，各学年の〔思考力，判断力，表現力等〕の「C読むこと」の「精査・解釈」に関する指導事項を確認してみましょう。

本指導事項は，構成や叙述などに基づいて，文章の内容や形式について精査・解釈することを示しています。「精査・解釈」とは，『解説国語編』に書かれているように，「文章の内容や形式に着目して読み，目的に応じて意味付けたり考えたりすること」です。文章の「内容」と文章の「形式」，それぞれに着目することが大切です。

そこで，p.81の表14に示したように，第1学年及び第2学年のウ，第2学年及び第3学年のイは，文章の内容に関する精査・解釈，第1学年及び第2学年のエ，第3学年のウは，文章の形式に関する精査・解釈といったように分け，小学校から系統的に位置付けて示しています。

これまでの国語の授業を振り返ったとき，気付いたら文章の内容ばかりに着目して授業を進めていたという経験はありませんか。生徒も，登場人物の心情や情景を想像するなど，文章の内容に着目することには小学校時代から慣れているようですが，文章の構成や展開，表現の仕方など，形式に着目して読むことについては，依然として苦手としていることが多いようです。このことは，全国学力・学習状況調査等の結果からも明らかになっています。

内容に着目して読むことが重要なことは言うまでもありませんが，前述のような学習の状況があることを踏まえ，内容と形式，双方に意図的・計画的に着目させ，目指す資質・能力を確実に育成できるよう指導を工夫することが大切です。

表14 「C読むこと」の「精査・解釈」に関する指導事項

	第1学年	第2学年	第3学年
内容	ウ　目的に応じて必要な情報に着目して要約したり，場面と場面，場面と描写などを結び付けたりして，内容を解釈すること。	イ　目的に応じて複数の情報を整理しながら適切な情報を得たり，登場人物の言動の意味などについて考えたりして，内容を解釈すること。 ウ　文章と図表などを結び付け，その関係を踏まえて内容を解釈すること。	イ　文章を批判的に読みながら，文章に表れているものの見方や考え方について考えること。
形式	エ　文章の構成や展開，表現の効果について，根拠を明確にして考えること。	エ　観点を明確にして文章を比較するなどし，文章の構成や論理の展開，表現の効果について考えること。	ウ　文章の構成や論理の展開，表現の仕方について評価すること。

Q23 各学年の「C読むこと」の言語活動例アは「文章にまとめたりする活動」となっています。文章にまとめるのは，書くことの学習なのではないですか。

A 以前から，頻繁に寄せられる御質問の一つです。結論から言えば，書く活動を通して，「C読むこと」の資質・能力を育成，評価するということです。

p.83の表15で〔思考力，判断力，表現力等〕の「C読むこと」の言語活動例を確認してみましょう。御指摘のとおり，各学年ともアの言語活動例は，「文章にまとめたりする活動」，つまり書く活動となっています。それ以外の言語活動例についても，下線部のとおり，主として書いたり話したりするなどの活動が示されています。

もちろん，「C読むこと」の資質・能力を育成するための言語活動例ですから，基本的には下線部以外のところが大切です。しかし，生徒がどのように読み，どのように考えたのか等，個々の学習の状況は，書いたり話したりなどの表現を通さなくては教師には把握することができません。そのために，「C読むこと」の言語活動例には書いたり話したりなどの表現活動が示されているわけです。つまり，「C読むこと」の授業においては，今まで生徒が身に付けてきた「B書くこと」及び「A話すこと・聞くこと」に係る資質・能力を発揮して書いたり話したりする活動を行い，その活動を通して

「C読むこと」の資質・能力を育成，評価するという整理です。育成，評価するのはあくまでも「C読むこと」の資質・能力であることを踏まえた上で，どのような文章にまとめるのか，どのような討論を行うのか等，目の前の生徒の学習の状況に鑑み言語活動例を具体化して授業を構想することが大切です。

表15 「C読むこと」の言語活動例

第1学年	第2学年	第3学年
ア　説明や記録などの文章を読み，理解したことや考えたことを報告したり文章にまとめたりする活動。	ア　報告や解説などの文章を読み，理解したことや考えたことを説明したり文章にまとめたりする活動。	ア　論説や報道などの文章を比較するなどして読み，理解したことや考えたことについて討論したり文章にまとめたりする活動。
イ　小説や随筆などを読み，考えたことなどを記録したり伝え合ったりする活動。	イ　詩歌や小説などを読み，引用して解説したり，考えたことなどを伝え合ったりする活動。	イ　詩歌や小説などを読み，批評したり，考えたことなどを伝え合ったりする活動。
ウ　学校図書館などを利用し，多様な情報を得て，考えたことなどを報告したり資料にまとめたりする活動。	ウ　本や新聞，インターネットなどから集めた情報を活用し，出典を明らかにしながら，考えたことなどを説明したり提案したりする活動。	ウ　実用的な文章を読み，実生活への生かし方を考える活動。

国語科における主体的・対話的で深い学びの実現というのは，どのような授業のイメージですか。

A 今回の改訂では，基本的に全ての教科において，「第3 指導計画の作成と内容の取扱い」の冒頭に，主体的・対話的で深い学びの実現に向けた授業改善に関する配慮事項が示されています。これは，どの教科においても，当該教科が目指す資質・能力の育成には，主体的・対話的で深い学びの視点からの授業改善が必要であるということが共通して示されたといってよいでしょう。

それでは，国語科に示されている内容を確認してみましょう。

> 1　指導計画の作成に当たっては，次の事項に配慮するものとする。
>
> (1)　単元など内容や時間のまとまりを見通して，その中で育む資質・能力の育成に向けて，生徒の主体的・対話的で深い学びの実現を図るようにすること。その際，言葉による見方・考え方を働かせ，言語活動を通して，言葉の特徴や使い方などを理解し自分の思いや考えを深める学習の充実を図ること。

この間，中学校国語科の先生方に「主体的・対話的・深い学びの視点から授業を改善していくことについて，どう思われますか」と機を捉えて伺うようにしていました。先生方からの返答は，おおむね「主体的，対話的については分かるが，深い学びのイメージがつかみにくい」というものでした。やはり，「深い学び」という聞き慣れない言葉が，今後，先生方が授業を構想する際の不安材料の一つになりそうです。

「深い学び」の視点については，『中学校学習指導要領（平成29年告示）解説　総則編』に，以下のような説明があります。

> 習得・活用・探究という学びの過程の中で，各教科等の特質に応じた「見方・考え方」を働かせながら，知識を相互に関連付けてより深く理解したり，情報を精査して考えを形成したり，問題を見いだして解決策を考えたり，思いや考えを基に創造したりすることに向かう「深い学び」が実現できているかという視点。

国語科では，これからもこれまで同様，言語活動を通して指導事項に示された内容を確実に育成する授業を目指します。単元の大きな流れの中で，学習課題の解決に向けて，既有知識を活用したり，友達の意見を聞いて自分の考えを再整理したりするなど，生徒が言葉に着目し，試行錯誤しながら主体的に思考，判断，表現していくことで，課題を解決する過程を設定できるからです。このような学習の過程の中で，上記下線部が示すような学びが生まれることは，先生方が日々実感されていることと思います。改めて，国語科が目指す資質・能力を生徒に確実に育成するために，身に付けたい資質・能力に適した言語活動を設定してほしいと思います。

国語科においては，主体的・対話的で深い学びの視点から授業を構想することが言語活動の質の向上につながり，学びの質を高めることになります。

例えば，以下の観点で，言語活動を確認してみましょう。

- □ 資質・能力を育成するために効果的である（育成したい資質・能力に合わせて，言葉に着目しながら思考，判断，表現する場面がある）
- □ 生徒が言語活動に興味をもち，主体的な学習につながる（言語活動そのものがイメージしやすく見通しがもてる）
- □ 教師が設定したスモールステップを踏むだけで授業が終わらない（目的に沿って試行錯誤しながら，生徒自ら学習を進める場面がある）

Q25 「言葉による見方・考え方」を働かせるとは，具体的にはどのようなことですか。

A 見方・考え方を働かせるということについて，そもそも「見方・考え方」とは何だろう？と思われる方も多いと思います。『中学校学習指導要領（平成29年告示）解説　総則編』では，次のように説明されています。

> 各教科等の「見方・考え方」は，「どのような視点で物事を捉え，どのような考え方で思考していくのか」というその教科等ならではの物事を捉える視点や考え方である。各教科等を学ぶ本質的な意義の中核をなすものであり，教科等の学習と社会をつなぐものであることから，児童生徒が学習や人生において「見方・考え方」を自在に働かせることができるようにすることにこそ，教師の専門性が発揮されることが求められる（こと。）

これを踏まえれば，国語科の学習においては，国語科ならではの物事を捉える視点や考え方（「言葉による見方・考え方」）が意識されなくてはならないということです。

言うまでもなく，国語科は，言葉を通じた理解や表現及びそこで用いられる言葉そのものを学習対象としています。例えば，自然の事物・現象や社会的な事象を教材として取り上げることがありますが，これら事象の内容を自然科学や社会科学の視点から理解することが直接の学習目的になるのではありません。複雑な事象を，言葉を通して理解したり，理解したことに基づいて自分の考えを言葉で表現したりする資質・能力を身に付けるのが国語科の学習です。その過程で，生徒が言葉に着目し，言葉に対して自覚的になるように指導することが重要です。

このことは，これまでの国語科の授業で意識されてきたことです。しかし，ともすれば前述の点がおろそかになってしまうことがあるのではないでしょうか。例えば，生徒にこれまで国語科でどんなことを学んできたかを振り返らせると，教材名やその教材の内容は思い出せるのですが，そこでどんな言葉の力を身に付けたかは思い出せなかったり説明できなかったりすることがあります。これは，国語科の学習の中で，「言葉による見方・考え方」を十分に働かせていなかった，あるいは言葉に着目させ，言葉への自覚を高めていなかった結果とも言えそうです。新学習指導要領に基づいて授業づくりを行う中で，改めて意識してほしいと思います。

なお，教科の目標の柱書に「言葉による見方・考え方を働かせ，言語活動を通して，国語で正確に理解し適切に表現する資質・能力を次のとおり育成することを目指す。」（下線は筆者による）とあるように，学習評価の対象となるのは，「資質・能力」が育成されたかどうかであることも併せて確認してください。

〔知識及び技能〕に示す事項について，〔思考力，判断力，表現力等〕に示す事項の指導を通して指導するとはどういうことですか。

A このことを理解するためには，『解説国語編』の次の記述を踏まえる必要があります。

> この〔知識及び技能〕に示されている言葉の特徴や使い方などの「知識及び技能」は，個別の事実的な知識や一定の手順のことのみを指しているのではない。国語で理解したり表現したりする様々な場面の中で生きて働く「知識及び技能」として身に付けるために，思考・判断し表現することを通じて育成を図ることが求められるなど，「知識及び技能」と「思考力，判断力，表現力等」は，相互に関連し合いながら育成される必要がある。

ここで言われているのは，〔知識及び技能〕に示された内容を，〔思考力，判断力，表現力等〕から切り離されたものとして捉えるのではないということです。

「敬語」を例にして考えてみましょう。「敬語」の知識と言えば，基本となる尊敬語，謙譲語，丁寧語についての理解が重要です。しかし，それぞれの定義を暗記したり，練習問題を繰り返し解いたりするような学習だけでは，実際の生活で敬語を適切に使えるようになるのは難しいでしょう。そこで，〔思考力，判断力，表現力等〕の「A話すこと・聞くこと」，「B書くこと」，「C読むこと」の学習と関連を図り，思考・判断し表現することを通して学習するよう構想します。

例えば,「B書くこと」において,社会生活に必要な手紙や電子メールを書く言語活動を行う際に,文章で使用されることの多い敬語についての理解を深めることができます。書くことの授業では,自身が書いた文章を,丁寧に時間をかけて見直すことができます。特に,尊敬語と謙譲語の区別等に注意して文章を整えることで知識が定着します。また,「A話すこと・聞くこと」において,経験したことを説明する言語活動を行う際に,相手や場面に応じて敬語を使い分けることについての理解を深めることもできます。説明の際には丁寧語を中心に使うことになると思いますが,聞き手との質疑応答等のやり取りの中では,尊敬語,謙譲語を即座に使い分けることが求められます。このような実践的な学習を通して,生きて働く敬語の知識や技能が身に付きます。

一方,「第3　指導計画の作成と内容の取扱い」では,〔知識及び技能〕に示す事項について,次のように定めています。

> 必要に応じて,特定の事項だけを取り上げて指導したり,それらをまとめて指導したりするなど,指導の効果を高めるよう工夫すること。

これは,〔知識及び技能〕に示す事項は〔思考力,判断力,表現力等〕の指導を通して行うことを基本とするとともに,指導の効果を高めるために,特定の事項を取り上げて繰り返し指導したり,まとめて単元化して扱ったりすることもできることを示したものです。これは,平成20年版学習指導要領の〔伝統的な言語文化と国語の特質に関する事項〕の指導についての考え方を継承しています。新学習指導要領においても，領域との関連を図った指導と，特定の事項を取り上げた指導とのバランスのとれた年間の指導計画が必要です。

Q27 〔思考力，判断力，表現力等〕の「A話すこと・聞くこと」，「B書くこと」の領域において，指導に配当する時数の目安が示されているのはなぜですか。また，これを踏まえてどのような指導上の留意点が考えられるでしょうか。

A 『解説国語編』では，〔思考力，判断力，表現力等〕の「A話すこと・聞くこと」及び「B書くこと」の指導に配当する時数について，次のように示しています（一部抜粋）。

> 「A話すこと・聞くこと」に関する指導については，第1学年及び第2学年では年間15〜25単位時間程度，第3学年では年間10〜20単位時間程度を配当すること。
>
> 「B書くこと」に関する指導については，第1学年及び第2学年では年間30〜40単位時間程度，第3学年では年間20〜30単位時間程度を配当すること。

このように「A話すこと・聞くこと」，「B書くこと」の指導時数の目安が示されたのは，これまでの学習指導要領の考え方を継承していると考えてよいでしょう。

平成10年の「幼稚園，小学校，中学校，高等学校，盲学校，聾学校及び養護学校の教育課程の基準の改善について（答申）」（教育課程審議会）には，次のような記述があります。

「特に，文学的な文章の詳細な読解に偏りがちであった指導の在り方を改め，自分の考えをもち，論理的に意見を述べる能力，目的や場面などに応じて適切に表現する能力，目的に応じて的確に読み取る能力や読書に親しむ態度を育てることを重視する。

そのため，現行の「表現」及び「理解」の各領域と〔言語事項〕の構成を改め，「話すこと・聞くこと」，「書くこと」及び「読むこと」の領域と〔言語事項〕から内容を構成するとともに，実践的な指導の充実を図る観点からも，説明や話し合いをすること，記録や報告をまとめることなどの言語活動例を示すようにする。その際，各領域の指導が調和的に行われるよう，各学校段階の特質等に応じてそれらの指導時数の目安を示すことを考慮する。」

このように，国語科は，言語の教育としての立場を重視し，様々な言語の能力を育成することが求められたのでした。

この答申を受け，平成10年版学習指導要領が作成されましたが，その中で，「A話すこと・聞くこと」，「B書くこと」，「C読むこと」，〔言語事項〕（３領域１事項）の内容の構成の改善，言語活動例の明示，領域に関する指導時数の目安の明示など，平成20年版学習指導要領や新学習指導要領につながる改訂が行われました。

指導時数の目安を示すことについては，「各領域等の指導が調和的に行われるよう」にすることが理由として示されています。このことを踏まえ，３領域等の授業がバランスよく行われた結果，例えば，日本の子供たちの「話すこと・聞くこと」，「書くこと」の能力は，全国学力・学習状況調査等の調査結果を見ても大きく向上したのではないかと思われます。

では，新学習指導要領の内容を踏まえ，改めて，指導に当たっての留意点を整理してみましょう。

①授業に位置付ける指導事項を明確にすること

国語の授業では，例えば，「Ｃ読むこと」の領域の授業の中で，話し合ったり文章を書いたりする活動をすることがあります。これらは多くの場合，読むことの資質・能力を身に付けるための話合いや文章の記述ですから，その場合，これを「Ａ話すこと・聞くこと」，「Ｂ書くこと」の指導時数としてカウントすることは適切ではありません。「Ａ話すこと・聞くこと」，「Ｂ書くこと」に関する指導としてカウントされる授業は，あくまでもそれぞれの領域の指導事項が明確に位置付けられ，それに基づいた資質・能力の育成が図られるものでなければなりません。

これを踏まえれば，一つの単元に複数領域の指導事項を位置付ける際には，十分な配慮と吟味の下，年間を見通した意図的・計画的な指導が一層求められるでしょう。

②カリキュラム・マネジメントの視点で時数を配当すること

「Ａ話すこと・聞くこと」，「Ｂ書くこと」の指導時数の目安が幅をもって示されているのは，生徒の学習の状況や各学校の実情等に応じて指導計画を考えることができるようにするためです。例えば，「本校の生徒は，多くの人の前で話をすることが苦手だ。」と考えれば，「Ａ話すこと・聞くこと」の指導時数を上限に取ればよいでしょうし，「書く力が定着している」と考えられるならば，「Ｂ書くこと」の指導時数を下限に設定することも想定できるでしょう。

このように，カリキュラム・マネジメントの視点で時数を配当して，年間指導計画を立案することが重要です。

③「思考・判断・表現」の評価において，各領域の資質・能力を捉えること

新学習指導要領では，全ての教科等において評価の観点が，「知識・技能」，「思考・判断・表現」，「主体的に学習に取り組む態度」の３観点に統一されました。国語科においては，これまで「話す・聞く能力」，「書く能力」，「読む能力」と領域別に示していた観点別学習状況の評価を，「思考・判断・表現」にまとめて示すことになり，教師も生徒も，領域ごとの学習状況が捉えにくくなるのではないかという懸念の声も聞かれます。

これに対しては，まずは，前述の①，②に即して，新学習指導要領に示された，「Ａ話すこと・聞くこと」，「Ｂ書くこと」に関する指導時数を確実に実施していくことが必要です。その上で，資質・能力を明確にした評価を行うことが大切です。

Q28 学校教育全体で取り組む読書指導と，国語科における読書指導との関連を教えてください。

A 学校全体で取り組む読書活動について理解するためには，『中学校学習指導要領（平成29年告示）総則』（以下，『総則』）と『中学校学習指導要領（平成29年告示）解説　総則編』（以下，『総則解説』）を読む必要があります。

まず，「総則」の第２の２の(1)では，全ての教科等の学習の基盤となる資質・能力として，「言語能力」，「情報活用能力（情報モラルを含む。）」，「問題発見・解決能力」を挙げています。これを受けて，第３の１の(2)では，言語能力の育成のために，「言語環境を整える」こと，「言語活動を充実すること」，「読書活動を充実すること」の３点を示しています。読書が，全ての学習の基盤となることが，構造的に示されていることが分かります。また，「総則解説」では，この部分で読書の意義について，次のように整理しています。

> 読書は，多くの語彙や多様な表現を通して様々な世界に触れ，これを疑似的に体験したり知識を獲得したりして，新たな考え方に出合うことを可能にするものであり，言語能力を向上させる重要な活動の一つである。

また，「総則」の第３の１の(7)では，学校図書館の機能と役割について述べています。『総則解説』では，学校図書館の機能を，「読書センター」，「学習センター」，「情報センター」の三つに分類し，その役割については，「これからの学校図書館には，読書活動の推進のために利活用されることに加え，学校における言語活動や探究活動の場となり，主体的・対話的で深い学びの実現に向けた授業改善に資する役割が一層期待されている。」としています。全ての教科等の授業において，読書指導や学校図書館の活用が一層重要になっていくことが示されています。まずは，このような学習指導要領の方向性を，学校全体でしっかり確認することが大切です。

さて，このような学校全体の読書指導を踏まえ，国語科ではどのような読書指導を行っていくことが必要でしょうか。中学校新学習指導要領国語の「第３　指導計画の作成と内容の取扱い」の１の(6)では，国語科における読書指導について，次のように示しています。

> 第２の第１学年及び第３学年の内容の〔知識及び技能〕の(3)のオ，第２学年の内容の〔知識及び技能〕の(3)のエ，各学年の内容の〔思考力，判断力，表現力等〕の「Ｃ読むこと」に関する指導については，様々な文章を読んで，自分の表現に役立てられるようにするとともに，他教科等における読書の指導や学校図書館における指導との関連を考えて行うこと。

下線部は，「読書」に関する指導事項を示しており，その内容は，以下のとおりです。

（第１学年）

オ　読書が，知識や情報を得たり，自分の考えを広げたりすることに役立つことを理解すること。

（第２学年）

エ　本や文章などには，様々な立場や考え方が書かれていることを知り，自分の考えを広げたり深めたりする読書に生かすこと。

（第３学年）

オ　自分の生き方や社会との関わり方を支える読書の意義と効用について理解すること。

これらのことから，例えば，国語科における読書指導で意識しなくてはならない点を大きく三つに整理して考えることができます。

１点目は，読書に関する資質・能力を明示しているのは国語科だけであることを意識することです。他教科等でも読書指導は行いますが，その結果を評価することは基本的にありません。これに対して国語科では，上記の資質・能力を意図的・計画的に指導し評価する必要があります。具体的には，読書の意義や価値について自覚できるようにするということになるでしょうか。もちろん，それを知識として説明して覚えさせるような授業ではなく，具体的な言語活動を通して実感したことを意識化させるような指導が求められます。

２点目は，各領域の授業の中で，多様な本や文章を読む機会を意図的に設定することです。「読書」に関する指導事項が〔知識及び技能〕に位置付けられたことで，「Ａ話すこと・

聞くこと」や「B書くこと」の領域の授業において，読書に関する指導を関連付けることがイメージしやすくなりました。例えば，第１学年「A話すこと・聞くこと」の単元に，「テーマを決めて，友達に読んでほしい本を紹介する。」という言語活動を位置付けることにより，前述の読書に関する資質・能力を育成することが考えられます。もちろん，これまでと同様，読むことの指導においても，学習前・学習中・学習後に，関連した本や文章を読むことを積極的に位置付けることも大切です。

３点目は，他教科等における読書指導や学校図書館活用との関連を図り，その基礎が身に付くようにすることです。特に，学校図書館の活用については，美術，総合的な学習の時間，特別活動が学習指導要領に明記しており，他の教科等でも積極的な取組が期待されます。生徒が，学校図書館の機能を理解して活用できるようにするために，国語科が基本的な指導を行うことが重要です。そのため，例えば，第１学年〔思考力，判断力，表現力等〕の「C読むこと」の言語活動例ウに，「学校図書館などを利用し，多様な情報を得て，考えたことなどを報告したり資料にまとめたりする活動。」が示されています。様々な機会を通じて国語科としてどのような指導をしているか，学校全体に発信することが重要です。

Q 29 書写の指導における配慮事項について教えてください。

A 『解説国語編』では，書写の指導について複数箇所に記述があります。

一つは，「第２節　国語科の内容」「２〔知識及び技能〕の内容」の「(3) 我が国の言語文化に関する事項」にある「書写」の解説です。ここでは，書写の指導について次のように示しています。

> ここに示す内容を理解し使うことを通して，各教科等の学習活動や日常生活に生かすことのできる書写の能力を育成することが重要となる。特に，我が国の伝統的な文字文化を継承し，これからの社会に役立つ様々な文字文化に関する「知識及び技能」について理解し，文字を効果的に書くことができる力を育成することが大切である。

まず，書写の指導の成果を各教科等の学習活動や日常生活に生かすことを述べています。ノートを取る，掲示物を作成する，行事等に関連して手紙を書く，連絡内容を板書するなど，生徒が文字を書く機会は多様にあります。書写の学習をこれらの場面で活用することを生徒が意識できるよう，書写の指導における教材や教具を引き続き工夫することが大切です。

次に，文字文化に関する「知識及び技能」について理解することを述べています。文字文化については，第3学年の「書写」の解説の中で，「文字文化には，文字の成り立ちや歴史的背景といった文字そのものの文化と，社会や文化における文字の役割や意義，表現と効果，用具・用材と書き方との関係といった文字を書くことについての文化の両面がある。」と示しています。生徒の身の回りには多様な文字による表現があります。それらに興味をもたせたり，文字を手書きすることの意義に気付かせたりして，文字文化への関心を高めていくことが重要です。こうした関心の高まりが，生徒自身が文字を効果的に書くことにつながります。

さらに，「第3　指導計画の作成と内容の取扱い」2の(1)のウを踏まえて指導する必要があります。2の(1)のウの内容は，次のとおりです。

ウ　書写の指導については，第2の内容に定めるほか，次のとおり取り扱うこと。

(ア)　文字を正しく整えて速く書くことができるようにするとともに，書写の能力を学習や生活に役立てる態度を育てるよう配慮すること。

(イ)　硬筆を使用する書写の指導は各学年で行うこと。

(ウ)　毛筆を使用する書写の指導は各学年で行い，硬筆による書写の能力の基礎を養うよう指導すること。

(エ)　書写の指導に配当する授業時数は，第1学年及び第2学年では年間20単位時間程度，第3学年では年間10単位時間程度とすること。

(ア)は，中学校における書写の指導のねらいを端的に示したものです。書写では，文字の伝達性を重視し，文字を正確に読みやすく書けるようにすることが大切です。これは，小学校から指導していることですが，中学校では，加えて「速く」書くことを求めています。「速く」は，主として行書を書くことを想定していますが，楷書を書くことに関しても求められます。

(イ)と(ウ)は，硬筆及び毛筆を使用する指導を各学年で行うことを示しています。平成18年に，一部の中学校において，国語の授業で書写の指導が適正に行われていないことが判明し，大きな問題になったことがありました。具体的には，毛筆を使用する指導が行われていなかったり，指導時数が適切に実施されていなかったりする事例がみられました。(ウ)に明記されているように，毛筆による書写の指導は，硬筆による書写の能力の基礎を養うものであり，極めて重要なものです。時々，「毛筆を使用する書写の指導は，何時間程度行ったらよいでしょうか。」という質問を受けることがありますが，前述の内容を踏まえれば，1時間の授業の中で毛筆から硬筆に持ち替えて学習することも考えられますから，こうした質問は意味をなさないものであることがお分かりいただけると思います。『解説国語編』では，「各学年に示した書写の授業時数に応じて，毛筆を使用する書写の指導と硬筆を使用する書写の指導との割合を各学校と生徒の実態に即して，適切に設定することが求められる。」と示しています。

(エ)は，書写の授業の配当時数について定めたものです。第

1学年と第2学年では，それぞれ年間20単位時間程度，第3学年では年間10単位時間程度実施することになります。この時数については，計画の段階でこれを下回ることは想定していません。加えて，「各教科等の学習活動や日常生活に生かすことのできる書写の能力を育成すること」を実現するためには，書写の指導を年間の一時期のみに集中して設定したり，展覧会やコンクール等に向けた作品制作に偏重した指導を行ったりすることは望ましくありません。

国語科における書写の指導が適切に行われるよう，例えば，以下の3点をチェックポイントとしてご活用いただければと思います。

- □ 中学校書写の指導が目指すものが理解されているか。
- □ 書写に関する指導事項が，年間指導計画に位置付けられているか。
- □ 書写の指導に当たって留意すべき点（硬筆・毛筆の使用，配当時数等）が理解されているか。

国語科における情報機器の活用の方向性について教えてください。

A OECD生徒の学習到達度調査（PISA2018）では，ICT活用調査（生徒に，携帯電話，デスクトップ／タブレット型コンピュータ，スマートフォン，ゲーム機など，様々なデジタル機器の利用状況について尋ねた調査）を行っています。その中で，学校・学校外でのデジタル機器の利用状況について，次のような結果が出ています。

◆日本は，学校の授業（国語，数学，理科）におけるデジタル機器の利用時間が短く，OECD加盟国中最下位。

○「利用しない」と答えた生徒の割合は約80%に及び，OECD加盟国中で最も多い。

◆日本は，他のOECD加盟国と同様，学校外で多様な用途にデジタル機器を利用している。

○他国と比較して，ネット上でのチャットやゲーム（1人用ゲーム・多人数オンラインゲーム）を利用する頻度の高い生徒の割合が高く，かつその増加の程度が著しい。

●「毎日」，「ほぼ毎日」利用すると回答した生徒の割合の増加の程度（2012年調査との比較）

・「ネット上でチャットをする」：日本60.5ポイント増，OECD平均15.4ポイント増

・「1人用ゲームで遊ぶ」：日本21.3ポイント増，OECD平均7.1ポイント増

・「多人数オンラインゲームで遊ぶ」：日本19.4ポイント増，OECD平均7.9ポイント増
○コンピュータを使って宿題をする頻度がOECD加盟国中最下位。

国語科として特に注目したいのは，日本は，学校の授業（国語，数学，理科）におけるデジタル機器の利用時間及びコンピュータを使って宿題をする頻度がOECD加盟国中最下位であるという点です（具体的な数値は，p.107の図5参照）。

もちろん，学習におけるICT活用は，当該教科の資質・能力を効果的に育成するためのツールですから，いつでも使用するわけではありません。しかし，一方で，情報活用能力は学習の基盤となる資質・能力であり，国語科としてもICTを積極的に使っていく場面を意図的・計画的に設定することが求められていることは，絶え間ない技術革新が進む社会情勢と照らしても御理解いただけると思います。

この点については，「第3　指導計画の作成と内容の取扱い」の2の(2)に，次のように示されています。

第2の内容の指導に当たっては，生徒がコンピュータや情報通信ネットワークを積極的に活用する機会を設けるなどして，指導の効果を高めるよう工夫すること。

平成20年版学習指導要領においても，同様の内容について記載がありましたが，今回は，「積極的に」という文言が入った点に違いがあります。つまり，当該単元で育成する資

質・能力に照らして国語科の学習を構想していく中で，ICT活用を一層意識してほしいということです。前述したように，資質・能力を育成するのに効果的である場合に使用することはもちろんですが，「まずは，積極的に使ってみる」という教師側の判断も大切かと思います。中学生であれば，ICT活用に関する力を身に付けている生徒も多いでしょう。ぜひ，一緒に楽しんで使いながら，国語の資質・能力の育成につながるような授業を目指してください。

中学校国語科では，これまでも，情報収集や情報発信の手段として，インターネットや電子辞書等の活用，コンピュータによる発表資料の作成やプロジェクターによる提示など，コンピュータや情報通信ネットワークを活用する機会を設けてきています。〔思考力，判断力，表現力等〕の「A話すこと・聞くこと」，「B書くこと」，「C読むこと」の各領域に示した学習過程を意識した国語科の指導においてICTを活用することで，生徒が言語活動を通して，主体的に情報と関わりながら学習を進めたり，情報を分かりやすく発信・伝達して互いの考えを共有し深めたり，学んだことを蓄積し活用したりする場面が生まれます。それは，今回の学習指導要領が全ての教科等に求めている主体的・対話的で深い学びの視点からの授業改善につながることは言うまでもありません。具体的な取組については，『中等教育資料』令和元年7月号（pp.18～20）や同誌令和元年10月号（pp.18～21）などが参考になるでしょう。

図5　1週間のうち，教室の授業でデジタル機器を利用する時間

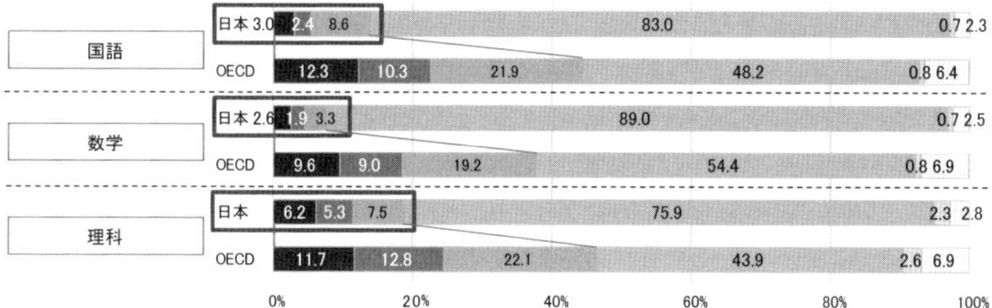

※「OECD 生徒の学習到達度調査 2018 年調査（PISA2018）のポイント」より引用
https://www.nier.go.jp/kokusai/pisa/pdf/2018/01_point.pdf

Q31 これからは，英語（外国語）科と連携して授業を行っていくと聞いたのですが，どのようにすればよいのですか。

A よく受ける質問の一つです。「第３　指導計画の作成と内容の取扱い」には，指導計画作成上の配慮事項として，以下のように，他教科等との関連についての配慮事項が示されています。

> ⑺　言語能力の向上を図る観点から，外国語科など他教科等との関連を積極的に図り，指導の効果を高めるようにすること。

まず，「言語能力の向上を図る観点から」，外国語科も含めた他教科等との関連を図るということを押さえることが大切です。このことについては，『中学校学習指導要領（平成29年告示）』第１章総則を確認する必要があります。総則の「第３　教育課程の実施と学習評価」の１の⑵には，以下のような内容が示されています。

> １　主体的・対話的で深い学びの実現に向けた授業改善
> 　各教科等の指導に当たっては，次の事項に配慮するものとする。
> ⑵　第２の２の⑴に示す言語能力の育成を図るため，各学校において必要な言語環境を整えるとともに，国語科を要としつつ各教科等の特質に応じて，生徒の言語活動を充実すること。

御存じのとおり，言語能力は，情報活用能力，問題発見・

解決能力等と並んで，学習の基盤となる資質・能力として示されています（総則第2の2の(1)参照）。そこで，言語能力を育成する中核的な教科である国語科を要として，各教科等の特質に応じた言語活動を充実することが示されました。平成20年改訂においては，各教科等における言語活動の充実が求められましたが，今回の改訂においても，言語は生徒の学習活動を支える重要な役割を果たすものであり，言語能力は全ての教科等における資質・能力の育成や学習の基盤となるものであると位置付けられています。言語能力の育成に向けて，国語科が中心的な役割を担いながら，教科等横断的な視点から指導の計画を立てることが重要です。

そのため，指導計画の作成に当たっては，他教科等の内容の系統性や関連性を考慮することが求められます。その際，国語科と同様，言語を直接の学習対象とする外国語科との連携は特に重要です。

では，具体的にどのように関連を図ればよいのでしょうか。『解説国語編』には，以下のように例示されています。

> 例えば，国語科の学習内容が外国語科等の学習に結び付くよう指導の時期を工夫すること，関連のある学習内容や言語活動を取り上げた単元の設定を工夫することなどが考えられる。

これらのことを考えるためには，外国語科の学習指導要領を確認することが必要です。『解説国語編』の付録6には，外国語科の学習指導要領が掲載されています。

例えば，外国語科の「書くこと」の言語活動には「(イ)　簡単な手紙や電子メールの形で自分の近況などを伝える活動。」が示されています。これを，国語科の第２学年〔思考力，判断力，表現力等〕の「Ｂ書くこと」の言語活動例「イ　社会生活に必要な手紙や電子メールを書くなど，伝えたいことを相手や媒体を考慮して書く活動。」に係る授業を行った後に行うなど，意図的に指導の計画を立てることが考えられます。このような「関連」を考えながら，教科等横断的な視点をもって年間指導計画を立てるとよいでしょう。

国語科の授業において，障害のある生徒にどのような配慮が考えられますか。

A 「第３　指導計画の作成と内容の取扱い」には，指導計画作成上の配慮事項として，以下のように示されています。

> ⑻　障害のある生徒などについては，学習活動を行う場合に生じる困難さに応じた指導内容や指導方法の工夫を計画的，組織的に行うこと。

国語科における配慮については，例えば，次のようなものが考えられます。

・自分の立場以外の視点で考えたり他者の感情を理解したりするのが困難な場合には，生徒が身近に感じられる文章（例えば，同年代の主人公の物語など）を取り上げ，文章に表れている心情やその変化等が分かるよう，行動の描写や会話文に含まれている気持ちがよく伝わってくる語句等に気付かせたり，心情の移り変わりが分かる文章の中のキーワードを示したり，心情の変化を図や矢印などで視覚的に分かるように示してから言葉で表現させたりするなどの配慮をする。

・比較的長い文章を書くなど，一定量の文字を書くことが困難な場合には，文字を書く負担を軽減するため，手書きだけではなくICT機器を使って文章を書くことができるようにするなどの配慮をする。

・声を出して発表することに困難がある場合や人前で話すことへの不安を抱いている場合には，紙やホワイトボードに書いたものを提示したりICT機器を活用したりして発表するなど，多様な表現方法が選択できるように工夫し，自分の考えを表すことに対する自信がもてるような配慮をする。

GIGAスクール構想の実現に向けて，令和３年度から，一人一人が一台の端末をもつことになりました。障害のある生徒も含め，全ての生徒が個々の特性等に応じて資質・能力の育成を図ることのできるツールとして，ICT機器を有効に活用することが望まれます。

教材についての配慮事項に古典が取り上げられていますが，平成 20 年版学習指導要領と違う点があれば教えてください。

A まず，教材についての配慮事項に書かれている内容を確認します。御質問にあるように，「第３　指導計画の作成と内容の取扱い」には，教材についての配慮事項として，以下のように示されています。

> ⑸　古典に関する教材については，古典の原文に加え，古典の現代語訳，古典について解説した文章などを取り上げること。

ここに示された内容は，平成 20 年版学習指導要領においても同様に示されています。中学校における古典の指導は，引き続き，生徒が古典に親しみをもてるようにすることをねらいとしています。このことを新学習指導要領では，以下のように，各学年とも〔知識及び技能〕⑶我が国の言語文化に関する事項のアの文末に明示しています。

> （第１学年）
> ア　音読に必要な文語のきまりや訓読の仕方を知り，古文や漢文を音読し，古典特有のリズムを通して，古典の世界に親しむこと。
> （第２学年）
> ア　作品の特徴を生かして朗読するなどして，古典の世界に親しむこと。

（第３学年）
ア　歴史的背景などに注意して古典を読むことを通して，その世界に親しむこと。

これは，「答申」において，「現行の学習指導要領では，国語科においても我が国や郷土が育んできた伝統文化に関する教育を充実したところであるが，引き続き，我が国の言語文化に親しみ，愛情を持って享受し，その担い手として言語文化を継承・発展させる態度を小・中・高等学校を通じて育成するため，伝統文化に関する学習を重視することが必要である。」とされたことを踏まえています。また，高等学校では，依然として「古典に対する学習意欲が低い」（『高等学校学習指導要領（平成30年告示）解説　国語編』）ことが課題となっています。

このような現状を踏まえた上で，中学校ではどのように古典の教材を活用しながら授業を行うかを考えることが大切です。その際，確認すべきことは，伝統的な言語文化に関する事項は，小学校から学習している内容であるということです。特に，小学校第５学年及び第６学年における古典教材は，中学校の古典教材と重なっていることも多いかと思います。そのことを念頭に，我が国の言語文化に興味をもち，自分に引き寄せて考えることができる授業，自分と離れたところに古典があるのではないといった実感をもたせる授業を様々に工夫することが大切です。そこでは，育成したい資質・能力に照らして，古典の原文だけではなく，「古典の現代語訳，古典について解説した文章など」を必要に応じて活用することが有効です。

一時期，桃太郎やかぐや姫など昔話に登場する様々な人物が一堂に会するテレビコマーシャルがありました。御覧になったことはありますか。それだけ見ていても楽しいですが，『桃太郎』や『竹取物語』を知っていれば，あのウィットに富んだユーモアを受け止めつつ，その楽しさは倍増するはずです。古典に限ったことではありませんが，自身が培った知識が日常生活の楽しさや豊かさにつながる経験を生徒にたくさん味わわせたいものです。

Q34 道徳が教科になりました。改めて，道徳科との関連について教えてください。

A 結論から言えば，これまでと同様，国語科の特質に応じて適切な指導を行うということになります。道徳科との関連は，国語科だけではなく全ての教科等で示されています。それは，第１章総則の第１の２の(2)において，「学校における道徳教育は，特別の教科である道徳（以下「道徳科」という。）を要として学校の教育活動全体を通じて行うものであり，道徳科はもとより，各教科，総合的な学習の時間及び特別活動のそれぞれの特質に応じて，生徒の発達の段階を考慮して，適切な指導を行うこと。」と規定していることによります。これを受け，「第３　指導計画の作成と内容の取扱い」には，道徳科などとの関連についての配慮事項として，以下のように示されています。

> (9)　第１章総則の第１の２の(2)に示す道徳教育の目標に基づき，道徳科などとの関連を考慮しながら，第３章特別の教科道徳の第２に示す内容について，国語科の特質に応じて適切な指導をすること。

例えば，国語で正確に理解したり適切に表現したりする資質・能力を育成する上で，社会生活における人との関わりの中で伝え合う力を高めることは，学校の教育活動全体で道徳教育を進めていくための基盤となるものです。また，思考力や想像力を養うことや言語感覚を豊かにすることは，道徳的心情や道徳的判断力を養う基本になります。さらに，我が国の言語文化に関わり，国語を尊重してその能力の向上を図る態度を養うことは，伝統と文化を尊重し，それらを育んできた我が国と郷土を愛することなどにつながります。

国語科は，道徳的な内容の教材を扱うことがありますが，その際は，道徳科における指導の成果を生かしつつ，国語科が目指す資質・能力を確実に育成することが必要です。国語科は言語能力を育成する教科です。それぞれの教科目標を明確にし，両者が相互に効果を高め合うようにすることが大切です。

資　料

〈教科の目標，各学年の目標及び内容の系統表（小・中学校国語科）〉

教科の目標

	小学校
	言葉による見方・考え方を働かせ，言語活動を通して，国語で正確に理解し適切に表現する資質・能力を次のとおり育成することを目指す。
「知識及び技能」	(1) 日常生活に必要な国語について，その特質を理解し適切に使うことができるようにする。
「思考力，判断力，表現力等」	(2) 日常生活における人との関わりの中で伝え合う力を高め，思考力や想像力を養う。
「学びに向かう力，人間性等」	(3) 言葉がもつよさを認識するとともに，言語感覚を養い，国語の大切さを自覚し，国語を尊重してその能力の向上を図る態度を養う。

学年の目標

	（小）第1学年及び第2学年	（小）第3学年及び第4学年	（小）第5学年及び第6学年
「知識及び技能」	(1) 日常生活に必要な国語の知識や技能を身に付けるとともに，我が国の言語文化に親しんだり理解したりすることができるようにする。	(1) 日常生活に必要な国語の知識や技能を身に付けるとともに，我が国の言語文化に親しんだり理解したりすることができるようにする。	(1) 日常生活に必要な国語の知識や技能を身に付けるとともに，我が国の言語文化に親しんだり理解したりすることができるようにする。
「思考力，判断力，表現力等」	(2) 順序立てて考える力や感じたり想像したりする力を養い，日常生活における人との関わりの中で伝え合う力を高め，自分の思いや考えをもつことができるようにする。	(2) 筋道立てて考える力や豊かに感じたり想像したりする力を養い，日常生活における人との関わりの中で伝え合う力を高め，自分の思いや考えをまとめることができるようにする。	(2) 筋道立てて考える力や豊かに感じたり想像したりする力を養い，日常生活における人との関わりの中で伝え合う力を高め，自分の思いや考えを広げることができるようにする。
「学びに向かう力，人間性等」	(3) 言葉がもつよさを感じるとともに，楽しんで読書をし，国語を大切にして，思いや考えを伝え合おうとする態度を養う。	(3) 言葉がもつよさに気付くとともに，幅広く読書をし，国語を大切にして，思いや考えを伝え合おうとする態度を養う。	(3) 言葉がもつよさを認識するとともに，進んで読書をし，国語の大切さを自覚して，思いや考えを伝え合おうとする態度を養う。

中学校
言葉による見方・考え方を働かせ，言語活動を通して，国語で正確に理解し適切に表現する資質・能力を次のとおり育成することを目指す。
(1) 社会生活に必要な国語について，その特質を理解し適切に使うことができるようにする。
(2) 社会生活における人との関わりの中で伝え合う力を高め，思考力や想像力を養う。
(3) 言葉がもつ価値を認識するとともに，言語感覚を豊かにし，我が国の言語文化に関わり，国語を尊重してその能力の向上を図る態度を養う。

（中）第1学年	（中）第2学年	（中）第3学年
(1) 社会生活に必要な国語の知識や技能を身に付けるとともに，我が国の言語文化に親しんだり理解したりすることができるようにする。	(1) 社会生活に必要な国語の知識や技能を身に付けるとともに，我が国の言語文化に親しんだり理解したりすることができるようにする。	(1) 社会生活に必要な国語の知識や技能を身に付けるとともに，我が国の言語文化に親しんだり理解したりすることができるようにする。
(2) 筋道立てて考える力や豊かに感じたり想像したりする力を養い，日常生活における人との関わりの中で伝え合う力を高め，自分の思いや考えを確かなものにすることができるようにする。	(2) 論理的に考える力や共感したり想像したりする力を養い，社会生活における人との関わりの中で伝え合う力を高め，自分の思いや考えを広げたり深めたりすることができるようにする。	(2) 論理的に考える力や深く共感したり豊かに想像したりする力を養い，社会生活における人との関わりの中で伝え合う力を高め，自分の思いや考えを広げたり深めたりすることができるようにする。
(3) 言葉がもつ価値に気付くとともに，進んで読書をし，我が国の言語文化を大切にして，思いや考えを伝え合おうとする態度を養う。	(3) 言葉がもつ価値を認識するとともに，読書を生活に役立て，我が国の言語文化を大切にして，思いや考えを伝え合おうとする態度を養う。	(3) 言葉がもつ価値を認識するとともに，読書を通して自己を向上させ，我が国の言語文化に関わり，思いや考えを伝え合おうとする態度を養う。

〔知識及び技能〕

(1)　言葉の特徴や使い方に関する事項

	(小）第１学年及び第２学年	(小）第３学年及び第４学年	(小）第５学年及び第６学年
	(1)　言葉の特徴や使い方に関する次の事項を身に付けることができるよう指導する。		
言葉の働き	ア　言葉には，事物の内容を表す働きや，経験したことを伝える働きがあることに気付くこと。	ア　言葉には，考えたことや思ったことを表す働きがあることに気付くこと。	ア　言葉には，相手とのつながりをつくる働きがあることに気付くこと。
話し言葉と書き言葉	イ　音節と文字との関係，アクセントによる語の意味の違いなどに気付くとともに，姿勢や口形，発声や発音に注意して話すこと。 ウ　長音，拗音，促音，撥音などの表記，助詞の「は」，「へ」及び「を」の使い方，句読点の打ち方，かぎ（「　」）の使い方を理解して文や文章の中で使うこと。また，平仮名及び片仮名を読み，書くとともに，片仮名で書く語の種類を知り，文や文章の中で使うこと。	イ　相手を見て話したり聞いたりするとともに，言葉の抑揚や強弱，間の取り方などに注意して話すこと。 ウ　漢字と仮名を用いた表記，送り仮名の付け方，改行の仕方を理解して文や文章の中で使うとともに，句読点を適切に打つこと。また，第３学年においては，日常使われている簡単な単語について，ローマ字で表記されたものを読み，ローマ字で書くこと。	イ　話し言葉と書き言葉との違いに気付くこと。 ウ　文や文章の中で漢字と仮名を適切に使い分けるとともに，送り仮名や仮名遣いに注意して正しく書くこと。
漢字	エ　第１学年においては，別表の学年別漢字配当表（以下「学年別漢字配当表」という。）の第１学年に配当されている漢字を読み，漸次書き，文や文章の中で使うこと。第２学年においては，学年別漢字配当表の第２学年までに配当されている漢字を読むこと。また，第１学年に配当されている漢字を書き，文や文章の中で使うとともに，第２学年に配当されている漢字を漸次書き，文や文章の中で使うこと。	エ　第３学年及び第４学年の各学年においては，学年別漢字配当表の当該学年までに配当されている漢字を読むこと。また，当該学年の前の学年までに配当されている漢字を書き，文や文章の中で使うとともに，当該学年に配当されている漢字を漸次書き，文や文章の中で使うこと。	エ　第５学年及び第６学年の各学年においては，学年別漢字配当表の当該学年までに配当されている漢字を読むこと。また，当該学年の前の学年までに配当されている漢字を書き，文や文章の中で使うとともに，当該学年に配当されている漢字を漸次書き，文や文章の中で使うこと。
語彙	オ　身近なことを表す語句の量を増し，話や文章の中で使うとともに，言葉には意味による語句のまとまりがあることに気付き，語彙を豊かにすること。	オ　様子や行動，気持ちや性格を表す語句の量を増し，話や文章の中で使うとともに，言葉には性質や役割による語句のまとまりがあることを理解し，語彙を豊かにすること。	オ　思考に関わる語句の量を増し，話や文章の中で使うとともに，語句と語句との関係，語句の構成や変化について理解し，語彙を豊かにすること。また，語感や言葉の使い方に対する感覚を意識して，語や語句を使うこと。
文や文章	カ　文の中における主語と述語との関係に気付くこと。	カ　主語と述語との関係，修飾と被修飾との関係，指示する語句と接続する語句の役割，段落の役割について理解すること。	カ　文の中での語句の係り方や語順，文と文との接続の関係，話や文章の構成や展開，話や文章の種類とその特徴について理解すること。
言葉遣い	キ　丁寧な言葉と普通の言葉との違いに気を付けて使うとともに，敬体で書かれた文章に慣れること。	キ　丁寧な言葉を使うとともに，敬体と常体との違いに注意しながら書くこと。	キ　日常よく使われる敬語を理解し使い慣れること。
表現の技法			ク　比喩や反復などの表現の工夫に気付くこと。
音読，朗読	ク　語のまとまりや言葉の響きなどに気を付けて音読すること。	ク　文章全体の構成や内容の大体を意識しながら音読すること。	ケ　文章を音読したり朗読したりすること。

(中) 第1学年	(中) 第2学年	(中) 第3学年
(1) 言葉の特徴や使い方に関する次の事項を身に付けることができるよう指導する。		
	ア 言葉には，相手の行動を促す働きがあることに気付くこと。	
ア 音声の働きや仕組みについて，理解を深めること。	イ 話し言葉と書き言葉の特徴について理解すること。	
イ 小学校学習指導要領第2章第1節国語の学年別漢字配当表（以下「学年別漢字配当表」という。）に示されている漢字に加え，その他の常用漢字のうち300字程度から400字程度までの漢字を読むこと。また，学年別漢字配当表の漢字のうち900字程度の漢字を書き，文や文章の中で使うこと。	ウ 第1学年までに学習した常用漢字に加え，その他の常用漢字のうち350字程度から450字程度までの漢字を読むこと。また，学年別漢字配当表に示されている漢字を書き，文や文章の中で使うこと。	ア 第2学年までに学習した常用漢字に加え，その他の常用漢字の大体を読むこと。また，学年別漢字配当表に示されている漢字について，文や文章の中で使い慣れること。
ウ 事象や行為，心情を表す語句の量を増すとともに，語句の辞書的な意味と文脈上の意味との関係に注意して話や文章の中で使うことを通して，語感を磨き語彙を豊かにすること。	エ 抽象的な概念を表す語句の量を増すとともに，類義語と対義語，同音異義語や多義的な意味を表す語句などについて理解し，話や文章の中で使うことを通して，語感を磨き語彙を豊かにすること。	イ 理解したり表現したりするために必要な語句の量を増し，慣用句や四字熟語などについて理解を深め，話や文章の中で使うとともに，和語，漢語，外来語などを使い分けることを通して，語感を磨き語彙を豊かにすること。
エ 単語の類別について理解するとともに，指示する語句と接続する語句の役割について理解を深めること。	オ 単語の活用，助詞や助動詞などの働き，文の成分の順序や照応など文の構成について理解するとともに，話や文章の構成や展開について理解を深めること。	ウ 話や文章の種類とその特徴について理解を深めること。
	カ 敬語の働きについて理解し，話や文章の中で使うこと。	エ 敬語などの相手や場に応じた言葉遣いを理解し，適切に使うこと。
オ 比喩，反復，倒置，体言止めなどの表現の技法を理解し使うこと。		

⑵ 情報の扱い方に関する事項

	（小）第１学年及び第２学年	（小）第３学年及び第４学年	（小）第５学年及び第６学年
	⑵ 話や文章に含まれている情報の扱い方に関する次の事項を身に付けることができるよう指導する。		
情報と情報との関係	ア 共通，相違，事柄の順序など情報と情報との関係について理解すること。	ア 考えとそれを支える理由や事例，全体と中心など情報と情報との関係について理解すること。	ア 原因と結果など情報と情報との関係について理解すること。
情報の整理		イ 比較や分類の仕方，必要な語句などの書き留め方，引用の仕方や出典の示し方，辞書や事典の使い方を理解し使うこと。	イ 情報と情報との関係付けの仕方，図などによる語句と語句との関係の表し方を理解し使うこと。

⑶ 我が国の言語文化に関する事項

	（小）第１学年及び第２学年	（小）第３学年及び第４学年	（小）第５学年及び第６学年
	⑶ 我が国の言語文化に関する次の事項を身に付けることができるよう指導する。		
伝統的な言語文化	ア 昔話や神話・伝承などの読み聞かせを聞くなどして，我が国の伝統的な言語文化に親しむこと。 イ 長く親しまれている言葉遊びを通して，言葉の豊かさに気付くこと。	ア 易しい文語調の短歌や俳句を音読したり暗唱したりするなどして，言葉の響きやリズムに親しむこと。 イ 長い間使われてきたことわざや慣用句，故事成語などの意味を知り，使うこと。	ア 親しみやすい古文や漢文，近代以降の文語調の文章を音読するなどして，言葉の響きやリズムに親しむこと。 イ 古典について解説した文章を読んだり作品の内容の大体を知ったりすることを通して，昔の人のものの見方や感じ方を知ること。
言葉の由来や変化		ウ 漢字が，へんやつくりなどから構成されていることについて理解すること。	ウ 語句の由来などに関心をもつとともに，時間の経過による言葉の変化や世代による言葉の違いに気付き，共通語と方言との違いを理解すること。また，仮名及び漢字の由来，特質などについて理解すること。
書写	ウ 書写に関する次の事項を理解し使うこと。 ㋐ 姿勢や筆記具の持ち方を正しくして書くこと。 ㋑ 点画の書き方や文字の形に注意しながら，筆順に従って丁寧に書くこと。 ㋒ 点画相互の接し方や交わり方，長短や方向などに注意して，文字を正しく書くこと。	エ 書写に関する次の事項を理解し使うこと。 ㋐ 文字の組立て方を理解し，形を整えて書くこと。 ㋑ 漢字や仮名の大きさ，配列に注意して書くこと。 ㋒ 毛筆を使用して点画の書き方への理解を深め，筆圧などに注意して書くこと。	エ 書写に関する次の事項を理解し使うこと。 ㋐ 用紙全体との関係に注意して，文字の大きさや配列などを決めるとともに，書く速さを意識して書くこと。 ㋑ 毛筆を使用して，穂先の動きと点画のつながりを意識して書くこと。 ㋒ 目的に応じて使用する筆記具を選び，その特徴を生かして書くこと。
読書	エ 読書に親しみ，いろいろな本があることを知ること。	オ 幅広く読書に親しみ，読書が，必要な知識や情報を得ることに役立つことに気付くこと。	オ 日常的に読書に親しみ，読書が，自分の考えを広げることに役立つことに気付くこと。

（中）第1学年	（中）第2学年	（中）第3学年
(2) 話や文章に含まれている情報の扱い方に関する次の事項を身に付けることができるよう指導する。		
ア 原因と結果，意見と根拠など情報と情報との関係について理解すること。	ア 意見と根拠，具体と抽象など情報と情報との関係について理解すること。	ア 具体と抽象など情報と情報との関係について理解を深めること。
イ 比較や分類，関係付けなどの情報の整理の仕方，引用の仕方や出典の示し方について理解を深め，それらを使うこと。	イ 情報と情報との関係の様々な表し方を理解し使うこと。	イ 情報の信頼性の確かめ方を理解し使うこと。

（中）第1学年	（中）第2学年	（中）第3学年
(3) 我が国の言語文化に関する次の事項を身に付けることができるよう指導する。		
ア 音読に必要な文語のきまりや訓読の仕方を知り，古文や漢文を音読し，古典特有のリズムを通して，古典の世界に親しむこと。 イ 古典には様々な種類の作品があることを知ること。	ア 作品の特徴を生かして朗読するなどして，古典の世界に親しむこと。 イ 現代語訳や語注などを手掛かりに作品を読むことを通して，古典に表れたものの見方や考え方を知ること。	ア 歴史的背景などに注意して古典を読むことを通して，その世界に親しむこと。 イ 長く親しまれている言葉や古典の一節を引用するなどして使うこと。
ウ 共通語と方言の果たす役割について理解すること。		ウ 時間の経過による言葉の変化や世代による言葉の違いについて理解すること。
エ 書写に関する次の事項を理解し使うこと。 (ア) 字形を整え，文字の大きさ，配列などについて理解して，楷書で書くこと。 (イ) 漢字の行書の基礎的な書き方を理解して，身近な文字を行書で書くこと。	ウ 書写に関する次の事項を理解し使うこと。 (ア) 漢字の行書とそれに調和した仮名の書き方を理解して，読みやすく速く書くこと。 (イ) 目的や必要に応じて，楷書又は行書を選んで書くこと。	エ 書写に関する次の事項を理解し使うこと。 (ア) 身の回りの多様な表現を通して文字文化の豊かさに触れ，効果的に文字を書くこと。
オ 読書が，知識や情報を得たり，自分の考えを広げたりすることに役立つことを理解すること。	エ 本や文章などには，様々な立場や考え方が書かれていることを知り，自分の考えを広げたり深めたりする読書に生かすこと。	オ 自分の生き方や社会との関わり方を支える読書の意義と効用について理解すること。

〔思考力，判断力，表現力等〕

A 話すこと・聞くこと

		(小) 第1学年及び第2学年	(小) 第3学年及び第4学年	(小) 第5学年及び第6学年
		(1) 話すこと・聞くことに関する次の事項を身に付けることができるよう指導する。		
話すこと	話題の設定 情報の収集 内容の検討	ア 身近なことや経験したことなどから話題を決め，伝え合うために必要な事柄を選ぶこと。	ア 目的を意識して，日常生活の中から話題を決め，集めた材料を比較したり分類したりして，伝え合うために必要な事柄を選ぶこと。	ア 目的や意図に応じて，日常生活の中から話題を決め，集めた材料を分類したり関係付けたりして，伝え合う内容を検討すること。
	構成の検討 考えの形成	イ 相手に伝わるように，行動したことや経験したことに基づいて，話す事柄の順序を考えること。	イ 相手に伝わるように，理由や事例などを挙げながら，話の中心が明確になるよう話の構成を考えること。	イ 話の内容が明確になるように，事実と感想，意見とを区別するなど，話の構成を考えること。
	表現 共有	ウ 伝えたい事柄や相手に応じて，声の大きさや速さなどを工夫すること。	ウ 話の中心や話す場面を意識して，言葉の抑揚や強弱，間の取り方などを工夫すること。	ウ 資料を活用するなどして，自分の考えが伝わるように表現を工夫すること。
聞くこと	話題の設定 情報の収集	【再掲】 ア 身近なことや経験したことなどから話題を決め，伝え合うために必要な事柄を選ぶこと。	【再掲】 ア 目的を意識して，日常生活の中から話題を決め，集めた材料を比較したり分類したりして，伝え合うために必要な事柄を選ぶこと。	【再掲】 ア 目的や意図に応じて，日常生活の中から話題を決め，集めた材料を分類したり関係付けたりして，伝え合う内容を検討すること。
	構造と内容の把握 精査・解釈 考えの形成 共有	エ 話し手が知らせたいことや自分が聞きたいことを落とさないように集中して聞き，話の内容を捉えて感想をもつこと。	エ 必要なことを記録したり質問したりしながら聞き，話し手が伝えたいことや自分が聞きたいことの中心を捉え，自分の考えをもつこと。	エ 話し手の目的や自分が聞こうとする意図に応じて，話の内容を捉え，話し手の考えと比較しながら，自分の考えをまとめること。
話し合うこと	話題の設定 情報の収集 内容の検討	【再掲】 ア 身近なことや経験したことなどから話題を決め，伝え合うために必要な事柄を選ぶこと。	【再掲】 ア 目的を意識して，日常生活の中から話題を決め，集めた材料を比較したり分類したりして，伝え合うために必要な事柄を選ぶこと。	【再掲】 ア 目的や意図に応じて，日常生活の中から話題を決め，集めた材料を分類したり関係付けたりして，伝え合う内容を検討すること。
	話合いの進め方の検討 考えの形成 共有	オ 互いの話に関心をもち，相手の発言を受けて話をつなぐこと。	オ 目的や進め方を確認し，司会などの役割を果たしながら話し合い，互いの意見の共通点や相違点に着目して，考えをまとめること。	オ 互いの立場や意図を明確にしながら計画的に話し合い，考えを広げたりまとめたりすること。
言語活動例		(2) (1)に示す事項については，例えば，次のような言語活動を通して指導するものとする。		
		ア 紹介や説明，報告など伝えたいことを話したり，それらを聞いて声に出して確かめたり感想を述べたりする活動。	ア 説明や報告など調べたことを話したり，それらを聞いたりする活動。	ア 意見や提案など自分の考えを話したり，それらを聞いたりする活動。
			イ 質問するなどして情報を集めたり，それらを発表したりする活動。	イ インタビューなどをして必要な情報を集めたり，それらを発表したりする活動。
		イ 尋ねたり応答したりするなどして，少人数で話し合う活動。	ウ 互いの考えを伝えるなどして，グループや学級全体で話し合う活動。	ウ それぞれの立場から考えを伝えるなどして話し合う活動。

(中) 第1学年	(中) 第2学年	(中) 第3学年
(1) 話すこと・聞くことに関する次の事項を身に付けることができるよう指導する。		
ア　目的や場面に応じて，日常生活の中から話題を決め，集めた材料を整理し，伝え合う内容を検討すること。	ア　目的や場面に応じて，社会生活の中から話題を決め，異なる立場や考えを想定しながら集めた材料を整理し，伝え合う内容を検討すること。	ア　目的や場面に応じて，社会生活の中から話題を決め，多様な考えを想定しながら材料を整理し，伝え合う内容を検討すること。
イ　自分の考えや根拠が明確になるように，話の中心的な部分と付加的な部分，事実と意見との関係などに注意して，話の構成を考えること。	イ　自分の立場や考えが明確になるように，根拠の適切さや論理の展開などに注意して，話の構成を工夫すること。	イ　自分の立場や考えを明確にし，相手を説得できるように論理の展開などを考えて，話の構成を工夫すること。
ウ　相手の反応を踏まえながら，自分の考えが分かりやすく伝わるように表現を工夫すること。	ウ　資料や機器を用いるなどして，自分の考えが分かりやすく伝わるように表現を工夫すること。	ウ　場の状況に応じて言葉を選ぶなど，自分の考えが分かりやすく伝わるように表現を工夫すること。
【再掲】 ア　目的や場面に応じて，日常生活の中から話題を決め，集めた材料を整理し，伝え合う内容を検討すること。	【再掲】 ア　目的や場面に応じて，社会生活の中から話題を決め，異なる立場や考えを想定しながら集めた材料を整理し，伝え合う内容を検討すること。	【再掲】 ア　目的や場面に応じて，社会生活の中から話題を決め，多様な考えを想定しながら材料を整理し，伝え合う内容を検討すること。
エ　必要に応じて記録したり質問したりしながら話の内容を捉え，共通点や相違点などを踏まえて，自分の考えをまとめること。	エ　論理の展開などに注意して聞き，話し手の考えと比較しながら，自分の考えをまとめること。	エ　話の展開を予測しながら聞き，聞き取った内容や表現の仕方を評価して，自分の考えを広げたり深めたりすること。
【再掲】 ア　目的や場面に応じて，日常生活の中から話題を決め，集めた材料を整理し，伝え合う内容を検討すること。	【再掲】 ア　目的や場面に応じて，社会生活の中から話題を決め，異なる立場や考えを想定しながら集めた材料を整理し，伝え合う内容を検討すること。	【再掲】 ア　目的や場面に応じて，社会生活の中から話題を決め，多様な考えを想定しながら材料を整理し，伝え合う内容を検討すること。
オ　話題や展開を捉えながら話し合い，互いの発言を結び付けて考えをまとめること。	オ　互いの立場や考えを尊重しながら話し合い，結論を導くために考えをまとめること。	オ　進行の仕方を工夫したり互いの発言を生かしたりしながら話し合い，合意形成に向けて考えを広げたり深めたりすること。
(2) (1)に示す事項については，例えば，次のような言語活動を通して指導するものとする。		
ア　紹介や報告など伝えたいことを話したり，それらを聞いて質問したり意見などを述べたりする活動。	ア　説明や提案など伝えたいことを話したり，それらを聞いて質問や助言などをしたりする活動。	ア　提案や主張など自分の考えを話したり，それらを聞いて質問したり評価などを述べたりする活動。
イ　互いの考えを伝えるなどして，少人数で話し合う活動。	イ　それぞれの立場から考えを伝えるなどして，議論や討論をする活動。	イ　互いの考えを生かしながら議論や討論をする活動。

B　書くこと

	（小）第１学年及び第２学年	（小）第３学年及び第４学年	（小）第５学年及び第６学年
	⑴　書くことに関する次の事項を身に付けることができるよう指導する。		
題材の設定 情報の収集 内容の検討	ア　経験したことや想像したことなどから書くことを見付け，必要な事柄を集めたり確かめたりして，伝えたいことを明確にすること。	ア　相手や目的を意識して，経験したことや想像したことなどから書くことを選び，集めた材料を比較したり分類したりして，伝えたいことを明確にすること。	ア　目的や意図に応じて，感じたことや考えたことなどから書くことを選び，集めた材料を分類したり関係付けたりして，伝えたいことを明確にすること。
構成の検討	イ　自分の思いや考えが明確になるように，事柄の順序に沿って簡単な構成を考えること。	イ　書く内容の中心を明確にし，内容のまとまりで段落をつくったり，段落相互の関係に注意したりして，文章の構成を考えること。	イ　筋道の通った文章となるように，文章全体の構成や展開を考えること。
考えの形成 記述	ウ　語と語や文と文との続き方に注意しながら，内容のまとまりが分かるように書き表し方を工夫すること。	ウ　自分の考えとそれを支える理由や事例との関係を明確にして，書き表し方を工夫すること。	ウ　目的や意図に応じて簡単に書いたり詳しく書いたりするとともに，事実と感想，意見とを区別して書いたりするなど，自分の考えが伝わるように書き表し方を工夫すること。 エ　引用したり，図表やグラフなどを用いたりして，自分の考えが伝わるように書き表し方を工夫すること。
推敲	エ　文章を読み返す習慣を付けるとともに，間違いを正したり，語と語や文と文との続き方を確かめたりすること。	エ　間違いを正したり，相手や目的を意識した表現になっているかを確かめたりして，文や文章を整えること。	オ　文章全体の構成や書き表し方などに着目して，文や文章を整えること。
共有	オ　文章に対する感想を伝え合い，自分の文章の内容や表現のよいところを見付けること。	オ　書こうとしたことが明確になっているかなど，文章に対する感想や意見を伝え合い，自分の文章のよいところを見付けること。	カ　文章全体の構成や展開が明確になっているかなど，文章に対する感想や意見を伝え合い，自分の文章のよいところを見付けること。
	⑵　⑴に示す事項については，例えば，次のような言語活動を通して指導するものとする。		
言語活動例	ア　身近なことや経験したことを報告したり，観察したことを記録したりするなど，見聞きしたことを書く活動。 イ　日記や手紙を書くなど，思ったことや伝えたいことを書く活動。 ウ　簡単な物語をつくるなど，感じたことや想像したことを書く活動。	ア　調べたことをまとめて報告するなど，事実やそれを基に考えたことを書く活動。 イ　行事の案内やお礼の文章を書くなど，伝えたいことを手紙に書く活動。 ウ　詩や物語をつくるなど，感じたことや想像したことを書く活動。	ア　事象を説明したり意見を述べたりするなど，考えたことや伝えたいことを書く活動。 イ　短歌や俳句をつくるなど，感じたことや想像したことを書く活動。 ウ　事実や経験を基に，感じたり考えたりしたことや自分にとっての意味について文章に書く活動。

（中）第１学年	（中）第２学年	（中）第３学年
(1) 書くことに関する次の事項を身に付けることができるよう指導する。		
ア　目的や意図に応じて，日常生活の中から題材を決め，集めた材料を整理し，伝えたいことを明確にすること。	ア　目的や意図に応じて，社会生活の中から題材を決め，多様な方法で集めた材料を整理し，伝えたいことを明確にすること。	ア　目的や意図に応じて，社会生活の中から題材を決め，集めた材料の客観性や信頼性を確認し，伝えたいことを明確にすること。
イ　書く内容の中心が明確になるように，段落の役割などを意識して文章の構成や展開を考えること。	イ　伝えたいことが分かりやすく伝わるように，段落相互の関係などを明確にし，文章の構成や展開を工夫すること。	イ　文章の種類を選択し，多様な読み手を説得できるように論理の展開などを考えて，文章の構成を工夫すること。
ウ　根拠を明確にしながら，自分の考えが伝わる文章になるように工夫すること。	ウ　根拠の適切さを考えて説明や具体例を加えたり，表現の効果を考えて描写したりするなど，自分の考えが伝わる文章になるように工夫すること。	ウ　表現の仕方を考えたり資料を適切に引用したりするなど，自分の考えが分かりやすく伝わる文章になるように工夫すること。
エ　読み手の立場に立って，表記や語句の用法，叙述の仕方などを確かめて，文章を整えること。	エ　読み手の立場に立って，表現の効果などを確かめて，文章を整えること。	エ　目的や意図に応じた表現になっているかなどを確かめて，文章全体を整えること。
オ　根拠の明確さなどについて，読み手からの助言などを踏まえ，自分の文章のよい点や改善点を見いだすこと。	オ　表現の工夫とその効果などについて，読み手からの助言などを踏まえ，自分の文章のよい点や改善点を見いだすこと。	オ　論理の展開などについて，読み手からの助言などを踏まえ，自分の文章のよい点や改善点を見いだすこと。
(2) (1)に示す事項については，例えば，次のような言語活動を通して指導するものとする。		
ア　本や資料から文章や図表などを引用して説明したり記録したりするなど，事実やそれを基に考えたことを書く活動。 イ　行事の案内や報告の文章を書くなど，伝えるべきことを整理して書く活動。 ウ　詩を創作したり随筆を書いたりするなど，感じたことや考えたことを書く活動。	ア　多様な考えができる事柄について意見を述べるなど，自分の考えを書く活動。 イ　社会生活に必要な手紙や電子メールを書くなど，伝えたいことを相手や媒体を考慮して書く活動。 ウ　短歌や俳句，物語を創作するなど，感じたことや想像したことを書く活動。	ア　関心のある事柄について批評するなど，自分の考えを書く活動。 イ　情報を編集して文章にまとめるなど，伝えたいことを整理して書く活動。

C　読むこと

	（小）第１学年及び第２学年	（小）第３学年及び第４学年	（小）第５学年及び第６学年
	(1)　読むことに関する次の事項を身に付けることができるよう指導する。		
構造と内容の把握	ア　時間的な順序や事柄の順序などを考えながら，内容の大体を捉えること。 イ　場面の様子や登場人物の行動など，内容の大体を捉えること。	ア　段落相互の関係に着目しながら，考えとそれを支える理由や事例との関係などについて，叙述を基に捉えること。 イ　登場人物の行動や気持ちなどについて，叙述を基に捉えること。	ア　事実と感想，意見などとの関係を叙述を基に押さえ，文章全体の構成を捉えて要旨を把握すること。 イ　登場人物の相互関係や心情などについて，描写を基に捉えること。
精査・解釈	ウ　文章の中の重要な語や文を考えて選び出すこと。 エ　場面の様子に着目して，登場人物の行動を具体的に想像すること。	ウ　目的を意識して，中心となる語や文を見付けて要約すること。 エ　登場人物の気持ちの変化や性格，情景について，場面の移り変わりと結び付けて具体的に想像すること。	ウ　目的に応じて，文章と図表などを結び付けるなどして必要な情報を見付けたり，論の進め方について考えたりすること。 エ　人物像や物語などの全体像を具体的に想像したり，表現の効果を考えたりすること。
考えの形成	オ　文章の内容と自分の体験とを結び付けて，感想をもつこと。	オ　文章を読んで理解したことに基づいて，感想や考えをもつこと。	オ　文章を読んで理解したことに基づいて，自分の考えをまとめること。
共有	カ　文章を読んで感じたことや分かったことを共有すること。	カ　文章を読んで感じたことや考えたことを共有し，一人一人の感じ方などに違いがあることに気付くこと。	カ　文章を読んでまとめた意見や感想を共有し，自分の考えを広げること。
言語活動例	(2)　(1)に示す事項については，例えば，次のような言語活動を通して指導するものとする。		
	ア　事物の仕組みを説明した文章などを読み，分かったことや考えたことを述べる活動。 イ　読み聞かせを聞いたり物語などを読んだりして，内容や感想などを伝え合ったり，演じたりする活動。 ウ　学校図書館などを利用し，図鑑や科学的なことについて書いた本などを読み，分かったことなどを説明する活動。	ア　記録や報告などの文章を読み，文章の一部を引用して，分かったことや考えたことを説明したり，意見を述べたりする活動。 イ　詩や物語などを読み，内容を説明したり，考えたことなどを伝え合ったりする活動。 ウ　学校図書館などを利用し，事典や図鑑などから情報を得て，分かったことなどをまとめて説明する活動。	ア　説明や解説などの文章を比較するなどして読み，分かったことや考えたことを，話し合ったり文章にまとめたりする活動。 イ　詩や物語，伝記などを読み，内容を説明したり，自分の生き方などについて考えたことを伝え合ったりする活動。 ウ　学校図書館などを利用し，複数の本や新聞などを活用して，調べたり考えたりしたことを報告する活動。

（中）第1学年	（中）第2学年	（中）第3学年
⑴　読むことに関する次の事項を身に付けることができるよう指導する。		
ア　文章の中心的な部分と付加的な部分，事実と意見との関係などについて叙述を基に捉え，要旨を把握すること。 イ　場面の展開や登場人物の相互関係，心情の変化などについて，描写を基に捉えること。	ア　文章全体と部分との関係に注意しながら，主張と例示との関係や登場人物の設定の仕方などを捉えること。	ア　文章の種類を踏まえて，論理や物語の展開の仕方などを捉えること。
ウ　目的に応じて必要な情報に着目して要約したり，場面と場面，場面と描写などを結び付けたりして，内容を解釈すること。 エ　文章の構成や展開，表現の効果について，根拠を明確にして考えること。	イ　目的に応じて複数の情報を整理しながら適切な情報を得たり，登場人物の言動の意味などについて考えたりして，内容を解釈すること。 ウ　文章と図表などを結び付け，その関係を踏まえて内容を解釈すること。 エ　観点を明確にして文章を比較するなどし，文章の構成や論理の展開，表現の効果について考えること。	イ　文章を批判的に読みながら，文章に表れているものの見方や考え方について考えること。 ウ　文章の構成や論理の展開，表現の仕方について評価すること。
オ　文章を読んで理解したことに基づいて，自分の考えを確かなものにすること。	オ　文章を読んで理解したことや考えたことを知識や経験と結び付け，自分の考えを広げたり深めたりすること。	エ　文章を読んで考えを広げたり深めたりして，人間，社会，自然などについて，自分の意見をもつこと。
⑵　⑴に示す事項については，例えば，次のような言語活動を通して指導するものとする。		
ア　説明や記録などの文章を読み，理解したことや考えたことを報告したり文章にまとめたりする活動。 イ　小説や随筆などを読み，考えたことなどを記録したり伝え合ったりする活動。 ウ　学校図書館などを利用し，多様な情報を得て，考えたことなどを報告したり資料にまとめたりする活動。	ア　報告や解説などの文章を読み，理解したことや考えたことを説明したり文章にまとめたりする活動。 イ　詩歌や小説などを読み，引用して解説したり，考えたことなどを伝え合ったりする活動。 ウ　本や新聞，インターネットなどから集めた情報を活用し，出典を明らかにしながら，考えたことなどを説明したり提案したりする活動。	ア　論説や報道などの文章を比較するなどして読み，理解したことや考えたことについて討論したり文章にまとめたりする活動。 イ　詩歌や小説などを読み，批評したり，考えたことなどを伝え合ったりする活動。 ウ　実用的な文章を読み，実生活への生かし方を考える活動。

〈学習指導案例〉

学習指導案について，基本的に決まった形式はありません（地域によっては推奨されている形
準，指導と評価の計画等について，その内容の整合性を確認することも大切です。ここでは，「『指
学習指導案例を基に，記載する内容の一例を示します。詳細は，「参考資料」を参照してください。

「単元名」
どのような資質・能力を育成するために，どのような言語活動を行うのかが生徒に分かるように工夫して付けるとよいでしょう。

「単元の目標」
単元で取り上げる指導事項を確認し，次の3点について単元の目標を設定します。
(1)**「知識及び技能」の目標**
(2)**「思考力，判断力，表現力等」の目標**
→(1)，(2)については，基本的に指導事項の文末を「～できる。」として示す。
(3)**「学びに向かう力，人間性等」の目標**
→(3)については，いずれの単元においても当該学年の学年の目標である「言葉がもつ価値～思いや考えを伝え合おうとする。」までを示す。

「本単元における言語活動」
単元の目標を実現するために適した言語活動を，言語活動例を参考にして位置付けるとよいでしょう。

単元名
投書を書こう
～多様な読み手を想定して文章全体を整える～
第３学年　B書くこと

内容のまとまり
第３学年
〔知識及び技能〕(2)情報の扱い方に関する事項
〔思考力，判断力，表現力等〕「B書くこと」

《授業例》

1　単元の目標

(1) 具体と抽象など情報と情報との関係について理解を深めることができる。
〔知識及び技能〕(2)ア

(2) 目的や意図に応じた表現になっているかなどを確かめて，文章全体を整えることができる。
〔思考力，判断力，表現力等〕B(1)エ

(3) 言葉がもつ価値を認識するとともに，読書を通して自己を向上させ，我が国の言語文化に関わり，思いや考えを伝え合おうとする。
「学びに向かう力，人間性等」

2　本単元における言語活動

関心のある事柄について，投書を書く。（関連：〔思考力，判断力，表現力等〕B(2)ア）

3　単元の評価規準

知識・技能	思考・判断・表現	主体的に学習に取り組む態度
①具体と抽象など情報と情報との関係について理解を深めている。((2)ア)	①「書くこと」において，目的や意図に応じた表現になっているかなどを確かめて，文章全体を整えている。(B(1)エ)	①進んで文章全体を整え，今までの学習を生かして自分の考えを投書に書こうとしている。

4　指導と評価の計画（４時間）

時	主たる学習活動	評価する内容	評価方法
1	○ 関心のある事柄から新聞に投書する題材を決め，自分の意見と根拠をワークシートに書いて整理する。	〔知識・技能〕①	ワークシート
2	○ 投書の下書きをワープロソフトで入力する。 ○ グループで下書きを読み合い，分かりにくい部分等について確認し合う。		
3	○ 投書にふさわしい表現について考える。 ○ 読み手の立場に立って自分の下書きを読み，目的や意図に応じた表現になっているかを確かめる。	〔主体的に学習に取り組む態度〕①	下書き原稿
4	○ 前時に考えたことを基に，ワープロソフトの校閲機能を用いて推敲する。 ○ 推敲した文章を教師に提出し，希望者は清書したデータを投稿する。	〔思考・判断・表現〕①	推敲した文章

【単元の流れ】

時	学習活動	指導上の留意点	評価規準・評価方法等
1	○ 学習のねらいや進め方をつかみ，学習の見通しをもつ。 ○ 関心のある事柄から新聞の投書で伝えたい題材を決める。 ○ 伝えたい自分の意見と根拠，根拠に関連する具体的な出来事や事実をワークシートに書き，整理する。	・実際の投書をいくつか示し，学習の見通しをもたせる。 ・実際の投書を参考にさせ，伝えたい内容を考えさせる。 ・既習の「情報と情報との関係」について想起させ，意見と根拠，根拠に関連する具体的な出来事や事実を整理させる。	〔知識・技能〕① ワークシート ・根拠に関連する具体的な出来事や事実
2	○ これまでの「書くこと」の学習を想起し，投書の下書きをワープロソフトで入力する。 ○ グループで互いの下書きを読み合い，分かりにくい部分等について確認し合う。	・この段階では，目的や意図に応じた表現にこだわらせずに，下書きを完成させることを目標とする。 ・学校のICT環境に応じて，タブレット端末を交換させたり，座席を移動させたりするなど	本時は，B(1)ウに基づいて学習状況を捉え指導を行うが，単元の目標としていないことから，本単元の評価には含めない。

式があります)。必要な内容を過不足なく書くことが大切です。また，単元の目標，単元の評価規
導と評価』の一体化のための学習評価に関する参考資料」(以下，「参考資料」) に記載されている

「単元の評価規準」

以下を参考に，単元の評価規準を作成します。

○**「知識・技能」の評価規準の設定の仕方**

当該単元で育成を目指す資質・能力に該当する〔知識及び技能〕の指導事項の文末を「～している。」として作成する。育成したい資質・能力に照らして，指導事項の一部を用いて作成することもある。

○**「思考・判断・表現」の評価規準の設定の仕方**

当該単元で育成を目指す資質・能力に該当する〔思考力，判断力，表現力等〕の指導事項の冒頭に，指導する一領域を「(領域名) において，」と明記し，文末を「～している。」として作成する。育成したい資質・能力に照らして，指導事項の一部を用いて作成することもある。

○**「主体的に学習に取り組む態度」の評価規準の設定の仕方**

以下の①から④の内容を全て含め，単元の目標や学習内容等に応じて，その組合せを工夫することが考えられる。文末は「～しようとしている。」とする。なお，〈　〉内の言葉は，当該内容の学習状況を例示したものであり，これ以外も想定される。

①粘り強さ〈積極的に，進んで，粘り強く等〉
②自らの学習の調整〈学習の見通しをもって，学習課題に沿って，今までの学習を生かして等〉
③他の２観点において重点とする内容 (特に，粘り強さを発揮してほしい内容)
④当該単元の具体的な言語活動 (自らの学習の調整が必要となる具体的な言語活動)

「指導と評価の計画」

単元の「指導と評価の計画」の全体像を簡易に示し，どの時間に何を評価するのかを整理して書きます。

なお，左記の例では，第２時の「評価する内容」と「評価方法」が空欄になっています。これについては，「単元の流れ」に右下のように説明されています。

第２時は，本単元における「B書くこと」の「考えの形成，記述」の学習過程であり，B (1) ウに示された内容に基づいて生徒の学習状況を捉え指導を行うこととなります。しかし，本単元で設定した「B書くこと」における単元の目標は，B (1) エに関する内容 (主として「推敲」の学習過程で発揮される資質・能力) であるため，本単元の評価に含めるものではありません。そのため，評価する内容欄は空欄にしているということです。生徒の学習状況を捉え，適切に指導することはいずれの時間でも必要です。「指導と評価の計画」の欄にも，⬚内の内容を書いておいてもよいでしょう。

> 本時は，B(1)ウに基づいて学習状況を捉え指導を行うが，単元の目標としていないことから，本単元の評価には含めない。

「単元の流れ」

各時間の詳細を具体的に書きます。

右側の「評価規準・評価方法等」の欄には，「単元の評価規準」について，評価する場面と評価方法及び「Bと判断する状況の例」を示しています。

おわりに

新型コロナウイルス感染症と戦い始めて１年が過ぎ，私たちの生活は一変しました。出口がなかなか見えない中，学校でも感染拡大を防ぐための新しい生活様式を踏まえながら，学習機会の保障や生徒の心のケアにご尽力いただいていることと思います。そのような状況の中，新しい中学校学習指導要領がスタートしました。

今回の学習指導要領は，グローバル化の進展や技術革新，とりわけ人工知能（AI）の飛躍的な進化等により急速に変化する社会状況を踏まえ，予測困難な時代を生きていくために必要な資質・能力は何かを考え，作成されています。

『中学校学習指導要領（平成29年告示）解説』第１章総説には，次のように書かれています。

「このような時代にあって，学校教育には，子供たちが様々な変化に積極的に向き合い，他者と協働して課題を解決していくことや，様々な情報を見極め知識の概念的な理解を実現し情報を再構成するなどして新たな価値につなげていくこと，複雑な状況変化の中で目的を再構築することができるようにすることが求められている。」

これまでも大切にしてきたことですが，答えのない課題に直面している今，目の前の状況を捉えて解決すべき課題を見いだし，主体的に考え，試行錯誤しながら皆で納得解を見いだしていくことなど，新学習指導要領で育成を目指している資質・能力は必要不可欠と言えるでしょう。そのベースに，言語能力があることは言うまでもありません。言語能力を育成する中心的な役割を担う国語科としては，生徒が未来を力強く生き抜いていくために，国語科が育成を目指す資質・能力を確実に育成することが大切です。そのための授業づくりに，本書がお役に立てれば幸いです。

おわりに，本書の刊行に当たり，学事出版の丸山英里氏には格別のご尽力をいただきました。深く感謝いたします。

令和３年４月

教科調査官　杉本直美

【監修者紹介】

杉本 直美 （すぎもと・なおみ）

文部科学省初等中等教育局教育課程課教科調査官
国立教育政策研究所教育課程調査官・学力調査官

博士（教育学）。川崎市公立中学校教諭等を経て，2015（平成27）年４月から現職。
平成20年版中学校学習指導要領解説国語編作成協力者。

Q&Aで学ぶ 中学校国語新学習指導要領

2021年6月10日　初版第１刷発行
監修者　杉本直美
発行人　花岡萬之
発行所　学事出版株式会社
〒101-0021　東京都千代田区外神田2-2-3
電話　03-3255-5471
HPアドレス　https://www.gakuji.co.jp

編集担当　丸山英里
装丁　Katsumura
編集協力　田辺友紀子
印刷・製本　研友社印刷株式会社

ISBN　978-4-7619-2718-9　C3037　Printed in Japan